総合判例研究叢書

憲　　法(4)

有斐閣

序

フランスにおいて、自由法学の名とともに判例の研究が異常な発達を遂げているのは、その民法典が百五十余年の齢を重ねたからだといわれている。それに比較すると、わが国の諸法典は、まだ若い。最も古いものでも、六、七十年の年月を経たに過ぎない。しかし、わが国の諸法典は、いずれも、近代的法制を全く知らなかつたところに輸入されたものである。そのことを思えば、この六十年の間に極めて重要な判例の変遷があつたであろうことは、容易に想像がつく。事実、わが国の諸法典は、それに関連する判例の研究でこれを補充しなければ、その正確な意味を理解し得ないようになつている。

判例が法源であるかどうかの理論については、今日なお議論の余地があろう。しかし、実際問題として、多くの条項が判例によつてその具体的な意義を明かにされているばかりでなく、判例によつて特殊の制度が創造されている例も、決して少くはない。判例研究の重要なことについては、何人も異議のないことであろう。

判例の創造した特殊の制度の内容を明かにするためにはもちろんのこと、判例によつて明かにされた条項の意義を探るためにも、判例の総合的な研究が必要である。同一の事項についてのすべての判決を探り、取り扱われた事実の微妙な差異に注意しながら、総合的・発展的に研究するのでなければ、判例の研究は、決して終局の目的を達することはできない。そしてそれには、時間をかけた克明な努力を必要とする。

幸なことには、わが国でも、十数年来、そうした研究の必要が感じられ、優れた成果も少くないようになつた。いまや、この成果を集め、足らざるを補ない、欠けたるを充たし、全分野にわたる研究を完成すべき時期に際会している。

かようにして、われわれは、全国の学者を動員し、すでに優れた研究のできているものについては、その補訂を乞い、まだ研究の尽されていないものについては、新たに適任者にお願いして、ここに「総合判例研究叢書」を編むことにした。第一回に発表したものは、各法域に亘る重要な問題のうち、研究成果の比較的早くでき上ると予想されるものである。これに洩れた事項でさらに重要なもののあることは、われわれもよく知つている。やがて、第二回、第三回と編集を継続して、完全な総合判例法の完成を期するつもりである。ここに、編集に当つての所信を述べ、協力される諸学者に深甚の謝意を表するとともに、同学の士の援助を願う次第である。

昭和三十一年五月

編集代表

小野清一郎　宮沢俊義

末川博　我妻栄

中川善之助

凡例

一　判例の重要なものについては、判旨、事実、上告論旨等を引用し、各件毎に一連番号を附した。

二　判例年月日、巻数、頁数等を示すには、おおむね左の略号を用いた。

大判大五・一一・八民録二二・二〇七七　（大審院判決録）
（大正五年十一月八日、大審院判決、大審院民事判決録二十二輯二〇七七頁）
大判大一四・四・二三刑集四・二六二　（大審院判例集）
最判昭二二・一二・一五刑集一・一・八〇　（最高裁判所判例集）
（昭和二十二年十二月十五日、最高裁判所判決、最高裁判所刑事判例集一巻一号八〇頁）
大判昭二・一二・六新聞二七九一・一五　（法律新聞）
大判昭三・九・二〇評論一八民法五七五　（法律評論）
大判昭四・五・二二裁判例三・刑法五五　（大審院裁判例）
福岡高判昭二六・一二・一四刑集四・一四・二一一四　（高等裁判所判例集）
大阪高判昭二八・七・四下級民集四・七・九七一　（下級裁判所民事裁判例集）
最判昭二八・二・二〇行政例集四・二・二三一　（行政事件裁判例集）
名古屋高判昭二五・五・八特一〇・七〇　（高等裁判所刑事判決特報）
東京高判昭三〇・一〇・二四東京高時報六・二・民二四九　（東京高等裁判所判決時報）
札幌高決昭二九・七・二三高裁特報一・二・七一　（高等裁判所刑事裁判特報）
前橋地決昭三〇・六・三〇労民集六・四・三八九　（労働関係民事裁判例集）

その他に、例えば次のような略語を用いた。

裁判所時報＝裁　時　　家庭裁判所月報＝家裁月報

判例時報＝判　時　　判例タイムズ＝判　タ

目次

法律と命令

――ポツダム命令の問題・告示通達の効力の問題を含む――

大西芳雄

はしがき

国法には種々さまざまの法形式があるけれども、一般論として、憲法―法律―命令という効力上の上下関係があることは、ケルゼンの法段階説を援用せずとも、一般に承認されているところである。わが国法体系の中にも種々の名称をもった法形式がある。法律はもちろんのこと、条約（条約が国内法的拘束力をもつかどうかは問題であるが）、政令、省令、府令（総理府令）、規則、裁判所規則、条例、等々である。普通に命令というときは、そのうちで政府の制定発布する諸種の法形式を総称していわれる。しかしここで取扱おうとするのは、それよりも広く、裁判所規則も含め、かつそれ自体法規であるかどうか問題のある「通達」をも含めて取扱う。地方公共団体の条例は別に独立して取扱われるはずであるから、この研究からは省く。いわゆるポツダム勅令やポツダム政令は、いわば固有の国内法体系とは異種の占領法体系に属するものであるから、一応一般の政令などとは別に取扱うことにする。

命令のうち、法律の規定を忠実に具体化し、これを執行するための細則を定める執行命令については、あまり問題はおこらないから、主として、法律の委任にもとづき、法律自体で定めていない新たな法規を制定する委任命令に、研究の焦点をしぼることとする。

一　委任命令

一　国民の権利・義務に関することがらは法律をもつて規定すべきことは、日本憲法が明文をもつて一般的に定めているわけではないけれども、立憲主義憲法の基本原理である法治主義の当然の要請であるし、また日本国憲法が立法、行政、司法の三権を分離して独立の機関にそれぞれ専属的に配分している趣旨からみても、解釈上当然推論されるところである。したがつて、すくなくとも国民の権利・義務に関することがらを行政府の命令によつて規律することはゆるされず、命令はただ法律の規定を具体的に執行するために必要な細則を定めるにとどまらなければならない。行政権の担当者である行政府が、法律を執行するために執行命令をつくり得るのは、執行権という権能のなかに含まれる当然の権限であつて、特に憲法にその権限のある旨が明記されていなくても当然なし得ることである。それにもかかわらず、憲法は内閣の権限として「この憲法及び法律の規定を実施するために、政令を制定すること」をあげて、執行命令の権限を明記している（憲法七三条六号）。

執行命令はともかく、委任命令については、それが憲法上ゆるされるかどうか問題である。イギリスのように、議会の上に、議会の行動を制約する成文憲法典がなく、議会がいわば「主権的」である国においては、議会はその立法権を自由に処分することができ、相当大幅に立法権を行政府に委任することも許されるが、議会の上に、これを拘束する憲法があり、しかもその憲法に、立法権は議会に、行政権は行政府にと、権限の分配を規定してある国においては、議会が立法権を——たとえ一部分であるにせよ——他の機関に移譲することは、多分に問題である。すなわち第一に、議会が法律で立法権の一部分を他の機関に委任すれば、立法権は議会に専属するとする憲法の規定を、単純な法律でもつて——すなわち憲法改正の手続によらずして——実質的に変更することになるし、第二に、公法上の機関の権限は、私法上の権利とちがつて、その機関の意思で勝手に他人に譲渡したり委任したりできないものだからである。私法上の権利、例えば所有権とか債権というようなものは、権利者個人の利害にかかわるものであるから、これをどういう方法で行使するか、すなわち、自ら行使するか、他人に委任して行使させるか、或いはこれを放棄することさえも、権利者の自由である。ところが公法上の機関の権限は、その機関の権利であると同時に義務（職責）でもある。その権限を機関が自由に処分し得るとすれば、国家の統治機構は混乱し、さらには麻痺してしまうことになるであろう。したがつて権限の自由な処分は、憲法秩序の破壊となり、許されない。

しかしながら現実はかならずしも法理論のとおりにはいかない。殊に二〇世紀になつてから、国によつて遅速はあるけれども、各国とも福祉国家ないしは社会国家的な機能をはたさなければならなくなつた。すなわち、従来はなるべく国家の干渉を排して自由に放任されるを良しとした国民の各種の生活領域に、国家が積極的に配慮し統制を加える必要が生じてきた。特に物価、賃金、労働条件、住宅、衛生、社会保障などの領域においてこれが顕著である。そのことは当然に、法律の量における増大と、質における複雑・専門化を結果する。ところが立法権をつかさどる議会はその能率と能力の点でこの要求に応じきれない。まず立法の量において、多人数の議員からなる合議体たる議会は、その審議に当然時間がかかつて、到底多量の法律をこなしきれない。第二にその審議能力の点で、地域を単位として選出された議員は、一般的にいつて、単なる常識をそなえた素人の集合にすぎず、専門的知識をもつものでないから、専門技術的な内容をもつ法案の審議を十分にはたし得ない。そこでこのジレンマの解決方法として委任立法が現われざるを得なくなつてきた。つまり、議会は立法権を形式的に保持して、実質的には専門家の集合である行政府に立法権を移譲する方法である。西欧諸国ではすでに二〇世紀の初頭から、特に第一次世界大戦後急激に、この傾向が顕著にあらわれてきた。わが国でも、第二次世界大戦中は特殊の理由によるものであるから一応別としても、その大戦後、つまり新憲法の施行とほぼ時を同じくして、委任立法の問題が加速度的に登場してきたのである。

以上のような実際的な必要から、憲法に委任立法をみとめる明文の規定がなくても、各国では学説・判例ともに委任立法をみとめている。フランスの第四共和国憲法には、明文の規定をもつて立法権の譲渡を禁止し、デクレ・ロア（法律の効力をもつ命令）による法規の制定を禁止していたにもかかわらず、学説・判例ともに委任立法をみとめる傾向にある。わが旧帝国憲法は議会の協賛を経た法律と天皇の大権による勅令（いわゆる独立命令）との二つの立法方法を定め、それぞれ排他的な立法の範囲を配分していたが、法律をもつて規定すべき事項（法律事項）について法律が命令（勅令その他の命令）にその規制を委任することができることは、通説も判例もこれを認めていた。

現行日本国憲法も立法権と行政権を国会と内閣に配分し、それぞれ専属の独立的権能としているから、国会がその立法権の一部を、委任立法によつて、政府に委譲することが、憲法上ゆるされるかどうか、当然に問題となる。しかしこの点に関しては、憲法七三条六号が、法律を実施するための政令制定権を内閣の権限として定めると同時に、その但し書で、「政令には、特にその法律の委任がある場合を除いては、罰則を設けることができない」と規定することによつて、法律がその立法事項を政令に委任し得ることを、裏から定めたと考えられるので、解釈上あまり問題とはならない。

二　委任立法が憲法上ゆるされるとしても、法律が規定すべき事項を、法律自身では何も規定しないで、それを全く命令にまかせてしまう所謂「白紙委任」或いは「白地委任」が許されないことは言うまでもない。それはすなわち、憲法が国会の専属的権限と定めた立法権を、国会が勝手にこれを処分し、内閣に譲渡してしまうことを意味し、憲法の内容を、憲法改正の手続によらずして、単純な法律で変更してしまうことになるからである。

そこで問題は、一体、どの程度の具体性をもつて法律自身が規定し、どの程度の範囲で命令の裁量をゆるすことにすれば合憲的であるか、換言すれば、法律がどの程度の条件をつけて命令に立法を委任すれば合憲的であるか、という点である。この点に関して学説も判例も、あまり明確で具体的な基準を示しているとは言い難い。

例えば佐々木博士は、「法律の委任は、それが、真に、前述の、法律の委任である限り（法律の委任とは、或る法律が、憲法上法律で定めるを要する或る事項を定めるに当り、その事項に関する或る特定の事実について、その法律自身で定めないで、法律以外の或る規則で定めると、定めることである）、これを認むべきである。憲法が、或る事項を法律で定む、と定める場合にその事項に関する事実の或るものについては、法律自身が、決定的に定めることが、不適当であることがあろう。かつ、その法律以外に、別に法律制定の手続を取ることも適当でないこともあろう。かかる事実については、法律が自身で定めることを為さないで、他の国家行為たる規則でこれを定めるもの、と定めることは、矢張、法律が、その事項を定めるものと、いい得るのである。その法律は、その事実については、これを定める仕方を定めるのである。それでも法律の定めるところといつてよい。……併し、法律の委任は、それが、真に、前に述べた法律の委任と解すべき場合にのみ、認められる。憲法により法律で定めるを要するものとせられている或る事項に関する、或る特定の事実についてのみ、右の委任なるものがあり得る。その事項全般について委任というものはあり得ない。故に、法律がその事項そのものを、一般に、法律以外の他の規則で定めるものと、定めることは、法律の委任ではない。従て認められない。又、その事項に関する個々の事実としても、その事項に関しては主要なものと考えられるもの、又は、その数多くして、その事項に関して定むべき事実の大部のものを、他の規則の定めるものと、定めることはできない。例えば、『義務教育について、国民がその子女に義務教育を受けさせることは、内閣の定めるところによる』とし、又は、『義務教育については、必要に応じて、内閣これを定む』とするような法律を制定することは、憲法上認められない」と(佐々木・改訂日本国憲法論二七五―七頁)。

つまり佐々木博士は、立法事項の「或る事項」と「或る特定の事実」を限定して法律が命令に委任する場合にのみ、合憲的な立法授権と認められる、とするのである。しかし「或る事項」といつても、それだけでは明確でないが、そこにあげられた例を見ると、それは義務教育というような、憲法の規定する立法事項を指すようである。かかる憲法上の立法事項をそのまま挙げて命令に委任することが許されないことは当然であるから、問題は、その限定としての「或る特定の事実」が何を意味するか、ということであるが、この点は、その限りでは明らかでない。

宮沢教授は、「法律の委任の許される範囲を論ずるにあたつては、具体的・個別的な委任は許されるが、抽象的・一般的な委任は許されない、と説くのがふつうである。それはそれでまちがいではないが、具体的・個別的と抽象的・一般的とのちがいは、結局は程度の差にすぎない以上、その間の限界を劃すことは、実際問題としては、きわめてむずかしい。法律の委任は、なるべく具体的・個別的に限定された事項について行われることが必要であり、どういう場合にも、国会が立法権を独占するという憲法の根本建前を否定するような程度の委任は許されない、と説くよりしかたがなかろう」として、具体的・個別的な委任なら許されるとする通説を承認しながら、結局、国会の唯一立法機関性を否定しない限度の委任を認める、という尺度をもつてくる（宮沢・日本国憲法五七三頁）。宮沢教授のこの考え方も、前述の佐々木説の「特定の事項」と「特定の事実」の限定と、結局は同じことを指すことになると思われるが、いずれにしても委任立法の限界はそれほど具体的には示されていない。

田中二郎教授は、「私としては、結局に於ては、従来普通に説かれて居る通り、憲法の権力分立主義の建前に矛盾しない限度に於てということに帰するが、より具体的には、憲法が特に立法機関として議会を設け、これに一定の権限を賦与して居るその精神……を没却するに至らぬ限度、いひかへれば、憲法が議会を設けた実質的な理由を否定するような結果に至らぬ限度、に於ての委任は、憲法上許されて居ると考へるべきではないかと思ふ」として、通説を承認しながら、さらに委任命令の具体的限界について研究を進めている。

教授は委任命令の限界を積極・消極の両側面から研究するが、その積極的限界とするところは省いて、その消極的限界とするところを挙げれば、

(1) 委任命令は法律（授権法）そのものの廃止・変更を定めることを得ぬ。……法律そのものの廃止又は変更を内容とする委任命令は、本来委任命令の必要不可避とせられる限界を越え、議会を設けた趣旨を没却することになるものであるから、これは許されぬと解すべきものと考える。

(2) 委任命令は法律（授権法）の委任の限度を越えることを得ぬ。

(イ) 法律（授権法）の指定した目的・事項に限る。

(ロ) 法律（授権法）の指定した範囲に限る。

(ハ) 法律（授権法）の定めた条件に従わねばならぬ（田中二郎「行政権による立法について」法律による行政の原理二六一―八頁）。

つまり田中教授は、命令に立法事項を授権する法律は、命令の制定の目的・事項とその委任の範囲および条件を、自ら規定しなければならぬ、とするものと思われる。

三　判例も、旧憲法時代から、委任命令が憲法上許されるかどうか、という基本問題については、肯定的な態度を示してきた。すなわち明治二三年法律八四号が委任した命令において罰則の定めがあることについて争われた事件において

【1】「法律ガ命令ニ委任シテ立法事項ヲ規定セシムル場合ニ於テハ法律ハ其ノ命令ヲ以テ自己ノ内容ト為シタルモノナルヲ以テ其ノ命令ヲ適用スルハ即法律ヲ適用スルモノニ外ナラズ」（大判大二・七・一一刑録一九・七九〇）。

と判示して、委任命令が一般的に憲法の禁ずるところでない、とした。

戦後の判例もまた、委任命令は一般的に憲法上ゆるされるとした。戦後、委任命令の問題について差当つて問題となつたのは、いわゆるポツダム勅令（昭和二〇年勅令五四二号）の命令に対する委任であつた。周知のように、ポツダム勅令は「政府ハポツダム宣言ノ受諾ニ伴ヒ聯合国最高司令官ノ為ス要求ニ係ル事項ヲ実施スル為特ニ必要アル場合ニ於テハ命令ヲ以テ所要ノ定ヲ為シ及必要ナル罰則ヲ設クルコトヲ得」と規定して、広汎な命令への授権を定めている。緊急勅令は、旧憲法によれば法律と同一の効力があつたから、この勅令による命令への授権は、法律による命令への授権と同一の法理が適用さるべきであつた。そこで、このような広汎な命令への授権が憲法上許されるかどうかが問題となつたが、はじめ裁判所は、この緊急勅令が憲法の範囲内にあるものという解釈をとつて、その立場でこれを合憲と判断した（最判昭二三・六・二三大法廷刑集二・七・七二二）。その理由は、この勅令による命令への授権の範囲は広汎であつて（その点からすれば白紙委任に近いものとして違憲としなければならぬが）、しかしそれは「まことにやむを得ないところである」というような、筋の通らぬ論拠であつた。しかし後には、この立場をあらためて、この緊急勅令は憲法外の効力を有する占領下の二重的統治機構の下にあるものとして、委任命令の憲法論からこれを外した。したがつて、かかる広汎な委任命令をも合憲的であるとする判決の態度は、一時の変態的なものであつて、裁判所の伝統的な解釈とみることはできない。

裁判所の伝統的な態度はやはり、通説と同じく、包括的な委任ではなく、事項と範囲を限定してするいわゆる限定的委任のみが合憲である、という態度である。すなわち最高裁判所は、外国為替管理法違反被告事件において、次のように判示した。この事件は、外国為替管理法（改正前のもの）一条の委任によつて制定された大蔵省令八八号（昭二〇・一〇・一五）――大蔵大臣の許可なくして金銀もしくは白金の地金等の輸出または輸入を禁止する――違反被告事件であつて、上告趣旨は次の二点を主張した。㈠日本国憲法の下においては、国民の自由および権利は法律をもつて制限すべきであるから、この大蔵省令は昭和二二年法律七二号「日本国憲法施行の際現に効力を有する命令の規定の効力に関する件」によつて昭和二二年一二月三一日をもつて失効するべきである。㈡外国為替管理法七条は罰則を定めた規定であるが、罰則の科せられる行為については、大蔵省令八八号が定めるところに委任しており、いわゆる白地罰則規定であるから、憲法三一条の規定から当然法律をもつて規定すべき事項を命令に委任したものであつて、その点からもこの大蔵省令は法律七二号により失効する。この上告趣旨に対して判旨は次のような理由でこれを棄却した。

【2】「所論の昭和二〇年一〇月一五日大蔵省令第八八号は外国為替管理法（改正前のもの）第一条の委任によつて制定された所謂委任命令であるが、かかる法律の具体的委任による委任命令は日本国憲法施行の際（昭和二二年五月三日）現に効力を有する命令の規定の効力に関する法律によつて失効するものではない。それ故右命令の失効を前提とする論旨は理由がない」（最判昭二七・五・一三第三小法廷刑集六・五・七四四）。

判旨は極めて簡単であるが、要するに法律の具体的委任であれば、命令への委任は許される、という解釈をとつているようである。その他の委任命令に関する最高裁判所の若干の判決も、これと似たりよつたりで、法律による命令への授権の限界なり条件なりについて、詳細に論じた判例は見あたらない。次にあげる東京高判昭二九・五・二九がおそらく、判例の中では、この問題について最も詳細な見解を展開したものであろうと思われる。この事件は、経済関係罰則の整備に関する法律（昭和一九年法律四号、昭和二二年法律二四二号による改正前のもの）二条が、その法律の適用を受ける会社その他の団体を自ら指定せずに勅令にその指定を委任し、その委任をうけて制定せられた「経済関係罰則の整備に関する法律に基く経済団体指定に関する件」（昭和一九年勅令第二六八号）という勅令の効力が争われた事件であるが、弁護人は、旧経済罰則整備法二条の定める収賄罪のごとき刑事犯は、憲法三一条の規定によればその構成要件を法律をもつて定めるべきであるのに、その法律の委任した指定勅令をもつてそれに適用される会社を指定しているのであつて、かかる勅令は昭和二二年法律七二号（日本国憲法施行の際現に効力を有する命令の規定の効力等に関する件）によつて昭和二二年一二月三一日限り効力を失うべきものである、と主張した。これに対して判決は次のように述べている。

【3】「日本国憲法第三十一条が『何人も、法律の定める手続によらなければ、その生命若しくは自由を奪はれ、又はその他の刑罰を科せられない。』と規定しているのは、いわゆる罪刑法定主義の原則を明らかにしたものと解せられるのであつて、そこに『法律』とあるのは、国会の制定した形式的意義における法律を指すものであることも疑ない。従つて、指定勅令のごとく犯罪構成要件の一部を補充するものも、本来からいえば狭義の法律をもつて規定すべきことは同条の規定上明らかである。しかしながら、それだからといつて、刑罰法規はことごとく狭義の法律それ自体の中に規定されなければならないと解するのも狭きに失する見解だといわなければならない。もともと罪刑法定主義の原則として、刑罰法規が形式的意義における法律をもつて規定されなければならないとされているのは、刑罰法規の制定者を国民の代表たる国会だけに限ることによつて人権の保障を全うしようとするにあると解せられるから、旧憲法下におけるいわゆる独立命令又は現行憲法下における執行命令のごとく、行政機関が独自に制定する命令をもつて自由に刑罰法規を定め

ることが右の原則に反することはいうまでもないけれども、国会が一定の事項を限つてその本来の権限に属する刑罰法規の制定を行政機関に委託することは、その委託の範囲が広きに失して刑罰法規の制定が国会に委ねられていることの趣旨を没却しない限り、必ずしも右の原則の精神に反するとはいいえないのであり、その委任命令が適正な授権の下に制定せられたものである場合には、その規定による処罰は、やはり法律の定める手続によつたことになると見て差支ないのである。そして、このことはまた、同法第七十三条第六号但書が法律の特別の委任がある限り政令に罰則を設けることを認めていることからも窺うことができるであろう。けだし、同法第三十一条に掲げられた罪刑法定主義の原則が刑罰法規の制定につき委任命令を一切許さぬ趣旨のものであるならば、第七十三条第六号但書のごとき規定は存在の余地がない筈だからである。……（中略）……旧経済罰則整備法第二条第二項が同条第一項の会社、組合等の指定を同勅令に委任したのは、これらの団体の設立廃止等が時に応じて行われるため、これを命令に譲るのを適当としたからであると認められるのであつて、その点において少くとも当時としては刑法その他の一般の固有の刑罰法規に存しない特別の必要性のあつたことが肯定せられるのみならず、その授権の範囲についてこれを見れば、前述のようにその指定すべき団体の範囲を法律において『特別ノ法令ニ依リ設立セラレタル会社、国家総動員法其ノ他経済ノ統制ヲ目的トスル法令ニ依リ統制若ハ統制ノ為ニスル経営ヲ為ス会社若ハ組合又ハ此等ニ準ズルモノ』と明定して、行政機関の実質的な裁量の余地をほとんどなからしめているのであるから、かかる限定的な委任に基いて制定された前記指定勅令は、日本国憲法の下においてもまた有効に制定されうる性質のものだといわなくてはならない。されば同勅令は、かつての命令の条項違反に関する罰則の件（明治二十三年法律第八十四号）の広汎な委任に基いて制定された命令などとは異なり、法律第七十二号第一条の命令には該当しないものと解すべきである」（東京高判昭二九・五・二九判時三〇号）。

論旨のうち、委任命令の限界なり条件なりに関する部分を要約・整理してみれば次の通りである。

すなわち、㈠法律が一定の事項を限つて命令に委任すること、㈡授権の範囲が行政機関の実質的な裁量の余地を広汎に残さないこと、換言すれば、刑罰法規の制定が国会に委ねられていることの趣旨を没却しないこと、㈢規律の対象が時に応じて行われるような性質のものであるために、命令に委任して規定するのが適当であること。この三つの条件をそなえている立法授権は合憲的である、というわけである。

四　本来法律で定めるべき事項を命令に委任することは、特定の条件の下において許される、とする上述の一般論は、刑罰を定めることにもあてはまるかどうかが次の問題である。憲法三一条は、何人も「法律の定める手続」によらないで刑罰を科せられることはない、として罪刑法定主義を宣言している。すなわち、刑罰を科する手続（刑事訴訟手続）はもちろん、刑罰の内容を定める刑罰の実体的規定もまた、法律で定めなければならないのである。これが立法事項であるという限りにおいては、前述の立法授権の一般法理がこれにも妥当することを阻む積極的理由はない。すなわち、法律が刑罰を定める目的を規定し、刑罰にあたる事項を限定し、更に罰の範囲を特定するならば、その具体的内容を命令に委任しても、委任立法の一般論からすれば、差支えないわけである。しかしながら罪刑法定主義は、如何なる行為が罪となるか、すなわち犯罪の構成要件を、法律でもつて定めることも要求するのである。換言すれば、犯罪行為の具体的内容を法律の規定でもつて定めることを要求するのである。何が犯罪となるかは法律を見ただけではわからない、犯罪の具体的内容を命令の裁量によつて定めることを排斥するのである。したがつて、委任立法の一般論をもつて、ただちに犯罪立法に適用することはできない。

しかしながらこの問題は、日本国憲法に関する限り、立法的に解決されている。すなわち、憲法七三条六号但書に「政令には、特にその法律の委任がある場合を除いては、罰則を設けることができない」と規定して、法律が政令に委任して罰則を設け得ることを前提している。したがつて政令で罰則を定めることを否認する学説はない。むろん法律が政令に罰則の規定を白紙委任することを認めることはできないし、そのような学説もない。もしそれを認めるとすれば、罪刑法定主義の原則と正面から矛盾するからである。したがつて罰則の委任といえども、罪刑法定主義の原則を否認しない限度においてのみ、すなわち、委任立法の一般論の妥当する限度内においてのみ、認められるのである。

判例もまた刑罰規定が命令に委任され得ることを承認している。次にあげる判例は食糧管理法違反被告事件で、上告理由は次のように主張する。食糧管理法三一条は同法九条、一〇条の規定に違反した者は十年以下の懲役……に処するとしてあつて、九条、一〇条には「必要なる命令を為すことが出来る」としてあり、その命令違反が三一条で処罰されることになつている。犯罪の構成要件はすべて命令に委任されている。これは行政権の専恣によつて人民が容易に処罰されることになり、憲法の罪刑法定主義の原則に反するものだ、というのである。これに対して判決は、極めて簡単に憲法七三条六号但書を援用して、しりぞけた。

【4】 「所論は、人民の自由権を拘束するには、国会の議を経た法律によることを要し、国会の議を経ない勅令省令等では人民の基本的人権を制限し、刑罰規定を設けることはできないのにかかわらず、食糧管

理法三一条、九条、一〇条は、犯罪の構成要件の決定を国会の議を経ない命令に委任しているから、憲法上許されないと主張するのである。しかしながら、憲法第七三条六号但書においては、内閣の制定する『政令には、特にその法律の委任がある場合を除いては、罰則を設けることができない』と規定しているのであつて、これを裏から云えば、特に法律の委任がある場合においては、政令で罰則（すなわち犯罪構成要件及び刑を定める法規）を設けることができること及び法律は罰則を設けることを政令に委任することができることの趣旨を表明していることは、一点の疑いを挿む余地がない（行政官庁法第六条参照）。それ故、この点から言えば論旨は全く理由なきものである」（最判昭二五・二・一大法廷刑集四・二・七三）。

憲法七三条六号に刑罰の委任が規定されてあるからといつて、全面的な白紙委任が許されないことは理の当然である。そうすると、どの程度の限定を付して命令に委任すれば合憲であるか、という限定委任の程度については、はつきり取上げた判例はほとんど見当らない。その中で東京高裁の次にあげる判決は、この問題をとりあげた唯一の判例であろう。事件は国家公務員法違反被告事件で、国家公務員法が禁止し、その違反に対して刑罰を科している「政治的行為」の内容を人事院規則の規定に委任しているが、犯罪の構成要件たる「政治的行為」の内容を法律でない規則に委任することが、罪刑法定主義の原則に反するのではないか、と争われた事件である。

【5】「国家公務員法第一〇二条第一項は、その前段において、『職員は政党又は政治的目的のために、寄附金その他の利益を求め、もしくは受領し、又は何らの方法を以てするを問わず、これらの行為に関与してはならない』と制限せらるべき政治的行為の内容を具体的に例示した上、これに続いて『選挙権の行使を除く外、人事院規則で定める政治的行為をしてはならない』としている。このことは右法条が国家公務員の政治的行為は一切禁止する趣旨ではないという点に大きな意義の存することは勿論であるが、それと同時

に、人事院規則に委任される事項の範囲、即ち人事院規則で定めうべき政治的行為は右に例示的に定められた程度或いはそれ以下の事項に限定されることを明らかにしたものと解せられるのである。換言すれば、国家公務員法第一〇二条第一項が人事院規則に委任した『政治的行為』は無制限ではなく、そこには一定の限界の存することが認められるが、その程度の限界の定め方は、全体の奉仕者である国家公務員がその中立性を維持する上からいつてまことにやむを得ない制限であるといわざるをえないから、その授権の方法は委任事項に関する限り適当であるというべく、問題はむしろこれに基いて定められた人事院規則が右授権の範囲を逸脱したかどうかという点にかかつているというべきである。そこで右の委任命令である人事院規則一四—七をみると、それは裁判所法第五二条第一号のような抽象的規定を置かず、特定の『政治的目的』と特定の「政治的行為」とをそれぞれ列挙して、これらの『政治的目的』をもつてこれらの『政治的行為』をすることを禁止または制限することを原則とし、その運用上の弊害を防止しようと配慮していることが認められるが、同規則に列挙された『政治的目的』と『政治的行為』を禁止することは、国家公務員の中立性を保持し公共の福祉を満足するに最小限のものと認められるから、同規則の規定内容はいずれも国家公務員法第一〇二条第一項の精神に合致し、毫もその授権の範囲を逸脱していないと認められるのである」（東京高判昭三〇・九・二〇刑集八・八・一〇二四）。

この判決が人事院規則を合憲とする理由を要約すると、㈠法律の委任は無制限でなく、規則で定める最高限が法律の規定の中に例示されていること、㈡規則の規定は法律の規定の趣旨乃至目的（公務員の政治的中立の維持）に適合していること、㈢規則は法律の授権の範囲を逸脱していないこと、この三点に帰する。そうすると、前述した委任命令の限界に関する一般論が、刑罰規定の委任規定の委任についても同様に妥当するといえるわけである。

二　裁判所規則

一　憲法七七条一項は、最高裁判所に、訴訟に関する手続、弁護士、裁判所の内部規律及び司法事務処理に関する事項について、規則制定権があることを定め、三項は、前記の事項で下級裁判所に関することは、その下級裁判所に規則制定を委任することができる、と定めている。そこで、この裁判所の規則が定め得る事項の範囲は左の四種類の事項に限ることは明らかである。

(一)　「訴訟に関する手続に関する事項」　これを広く解すると、裁判所の組織・構成・管轄権なども含むことになるが、裁判所の組織・権限などは国家の権力機構自体の問題であつて、国民主権国家においては、国民意思によつて決定すべき事柄であつて、当然憲法または法律によつて定めるべきであり、国民代表機関とは必ずしもいえない裁判所のよくなし得るところではない、としなければならぬ。したがつて、ここでいう訴訟手続とは、裁判所の組織・権限を前提して、既に存在するところの裁判所に、事件が持ちこまれてから後の事柄である。しかしまた他方、訴訟に関する手続を厳格に制限的に解して、非訟事件の手続や、家事審判手続、少年の保護処分手続などを除外する、と解釈するのも、実態にそわず、この憲法の規定の設けられた趣旨にも合致しないであろう。これはやはり、厳密な意味における訴訟のみならず、現在裁判所の権限と定められた、訴訟類似の他の手続をも含むものと解するのが合理的である。だから例えば刑事訴訟手続に関係する事柄でも、起訴前の捜査手続や判決確定後の刑の執行または免除などは規則制定権の対象とはならないが、裁判所が手続に関係する範囲内の事項、例えば捜査令状の請求・発付や刑の執行に対する異議の申立などは、規則の対象となると解すべきであろう。

(二)「弁護士に関する事項」　弁護士が訴訟手続の中で、弁護人または訴訟代理人として行動する場合の権利・義務に関して、規則が規制し得るのは当然であるが、弁護士の資格については、職業選択の自由を保障する憲法二二条の規定により、法律で定めなければならないから、規則の定め得る範囲は、弁護士の資格要件をのぞき、既に弁護士たる地位を取得した者の、職業上または身分上の問題、例えば弁護士の懲戒などに関する事項に限らなければならない。

(三)「裁判所の内部規律に関する事項」　最高裁判所は、旧憲法の下におけると異って、司法行政上の最高機関であって、自己の司法行政機関に対してのみならず、下級裁判所に対する司法行政上の監督権をもつから、それらの事柄に関して規則を制定することができる。ただ、司法行政上の事柄とはいえ、裁判官の身分上の監督に関する事柄は、裁判官の独立と憲法七八条との関係から、法律をもって規定すべく、規則は排除されなければならない。

(四)「司法事務処理に関する事項」　これは、例えば裁判事務の分配とか、司法行政機関としての裁判官会議の仕方とか、裁判事務または行政事務の処理の方法に関する事柄である。

以上の事項以外の事項について規則を定めることはできない。もし定めたらその規則は無効である。上述の事項に関する限り、裁判所の規則は法規たる性質をもつ。すなわち規則は、単に裁判所の内部事項に関するだけにとどまらず、弁護士にも、更に一般訴訟関係人にも関係する事項にわたるのであるから、それが裁判所の規則制定権の対象となる限り、一般に国民を拘束するからである。

二　さて問題は、右に列挙した事項に関しては裁判所規則だけが専属的・排他的管轄権を有し、国会の立法権はこれに及ばないか、すなわち法律をもつてこれを規定することはできないか、ということである。

この問題に関して、それは裁判所規則の専属的管轄事項で、法律による規制を排斥するのだ、とする説もあるが（坂野判事「米国における裁判所の訴訟手続規則制定権」法律タイムズ一・四）、通説はそうではなく、規則と法律の競合的管轄権を認める。例えば宮沢教授は、

「憲法の趣旨とするところは、本条にかかげる事項については、法律でなくて規則で定めることができる、しかも、そのために法律の委任を必要とせず、直接に本条の規定にもとづいてできる、とするにあるのであり、法律でそれらの事項を規定することを禁止する趣旨を含むものではないと解すべきである。それは、一方において、憲法が国会を一般的に『国の唯一の立法機関』だとしており、司法権の行使に関しても法律で定める場合を多く予想しているところからも論結することができるが、他方において、憲法が本条で規則制定権という国会による立法権行使の原則に対する大きな例外を定めながら、特に法律がそれらの事項に介入することを禁ずる趣旨を少しも示していないところからも、推論できることだろうとおもう」（宮沢・コンメンタール日本国憲法六一五頁）。

この問題は、要するに、憲法が裁判所の規則制定権を認めた趣旨をどう解するかにかかる。三権分立の原則を、三権が互いに他の領域への介入を排斥して、それぞれの権限を排他的・独占的に行使するものだと解すれば、裁判所の規則制定権の範囲は排他的・独占的だという解釈も、或いは成り立つかもしれない。それにしても、規則制定の作用は本質的に立法作用であるから、司法権を行使する機

関としての裁判所が、国会の立法権を排斥して立法作用をすることが、三権分立の原則の当然の結果といえるかどうか疑問である。まして憲法上の基本原則として、国会の唯一立法機関性の問題を忘れてはならない。国民の権利・義務に関係する法規は国民代表たる国会のみが制定の権限を独占すべきだというのは、国民主権の原理から出てくる当然の要請である。すくなくとも「法規」に関する限り、国会の立法権の及ぶことを排斥すべき理由は存在しない。この、国会の唯一立法権と三権の分立の、二つの原則を調和的に併存させる立憲的憲法の立場からする限り、裁判所の規則制定権を、技術的・合目的的な趣旨のもの、すなわち、裁判所の内部規律や裁判事務手続の細目について、裁判事務を行う当の裁判所の技術的・合目的的な裁量にまかす方が良かろう、という趣旨のものと理解する外はない。そうすると、裁判所の規則は、裁判所の内部規律や内部事務処理については排他的・独占的に定め得るが、国民（訴訟関係人）の権利・義務に関する限り、法律が未だ何ごとをも定めていない事柄に関して立法するか、もしくは、法律の委任を受け、或いは法律の規定を執行するために、細目的規定をなし得るにとどまり、既に制定された法律の規定を廃止・変更したりすることはできない、と解さなければならない。

次に問題となるのは、憲法三一条の規定と裁判所規則との関係である。憲法三一条は、「何人も、法律の定める手続によらなければ、その生命若しくは自由を奪はれ、又はその他の刑罰を科せられない」と定め、刑罰の実体法規はもとより、その手続規定もまた「法律」によつて定めなければならない、としている。ところが他方、裁判所の規則制定権の管轄事項として「訴訟に関する手続に関する事項」があげられている。刑事訴訟手続も当然に「訴訟に関する手続」の中に含まれるはずだと考えられる。そうすると、一方憲法三一条が「法律」で定めるべきこととしている事項を、他方憲法七七条は「規則」で定め得る事項の中に含ませている、この矛盾をどう解釈すれば良いのであろうか。

この問題について、憲法三一条はいわゆる「法の適正な手続」(due process of law) を定めたものにすぎず、特に「法律」によらなければならぬと定めたものではないと解し、したがつて刑事訴訟手続についても全面的に「規則」によつて定めることができる、とする少数説もあるが(坂野判事・前掲一〇頁)、通説ではない。また、反対に、刑事訴訟手続に関しては規則に全く管轄権を認めず、もつぱら法律のみの所管事項と解して、憲法七七条を制限的に解しようとする説もあるが、これも通説ではない。

通説は、「刑事手続に関しては、手続の基本的構造および被告人の重要な利益に関する事項については法律によることを要すると同時に、被告人の重要な利益に関しない訴訟手続の技術的・細目的な部分についてはやはり規則の制定をみとめるものと解するのが正当であろう」(註解日本国憲法(下)一一五三頁、同説、宮沢・前掲六一五頁)というのである。

これについては次の判例がある。この事件は、昭和二三年最高裁判所規則九号「公職に関する就職禁止、退職等に関する命令、政党、協会その他の団体の結成の禁止等に関する命令及び教職員の除去、就職禁止等に関する命令違反被告事件等の審判の特例に関する規則」が憲法三一条の規定に違反するとして、その効力が争われた事件であるが、上告理由は、前示第二の説をとつて、最高裁判所には訴訟手続に関する規則を制定する権限があるが、憲法三一条の規定は基本的人権に関することであるから、規則でこれを侵すことはできない、刑罰を科するには法律の定める手続によらなければならず、規則は法律に席をゆずるべきである。最高裁規則は、科刑手続については、法律の委任がある場合において、委任された事項、またはその法律を実施するために必要な事項についてのみ規則を定める権限がある。故に、法律の委任に基づかない規則九号は憲法違反で無効である、というのであつた。ところが判決はこの問題と正面から取組まず、規則九号の定めるところは立法事項でない、という立場でこれを棄却した。

【6】「所論、昭和二三年当裁判所規則第九号の規定は……すべて従来裁判所又は裁判長の裁量に委せられた事項につき、ただその裁量の範囲に制限を加えた規定をなしたに過ぎないものであつて、如何なる見地からするも違憲などというべきものではない」（最判昭二四・六・一三大法廷刑集三・七・九九八）。

同様に次にかかげる判例も、この問題を正面からとり上げず、いわば回避している。事件は旧刑訴と新刑訴がいれかわる経過時期に、旧刑訴で起訴され、公判途中で新刑訴にきりかわつた事件で、そのような事件は刑訴施行法二条によつて、旧刑訴によつて処理さるべきであつたが、第二審公判手続において旧刑訴三五三条所定の審理更新の手続がなされなかつたので、被告人は旧刑訴四一〇条一六号に該当する絶対的上告理由があると主張したのに対して、原判決は規則施行規則二条二号（刑訴施行法一三条に基づく規則）を引用してこれを排斥したのである。上告理由は、刑訴施行法二条には「新法施行前に公訴の提起があつた事件については、新法施行後もなお旧法及び応急措置法による」と規定されていて、当然旧刑訴三五三条が適用さるべきであるのに、それを適用せず、規則施行規則三条三号を適用して裁判した。そして、規則三条三号は刑訴施行法一三条の「この法律に定めるものを除く外、新法施行の際現に裁判所に係属している事件の処理に関し必要な事項は裁判所の規則の定めるところによる」という規定により、法律の委任をうけた規定だというかも知れないが、この規則は法律の委任の範囲をこえたものだから無効であり、のみならず規則が法律に反することを定めることはできないから無効である、と主張した。その一部分に、

「憲法七七条によつて規則制定権の範囲を規定する『訴訟に関する手続』とは果して何を指称するものであろうか。その第三一条に、『法律』の定める手続によらなければ刑罰を科することが出来ない旨を規定する憲法の精神から考察して、刑事手続に関しては、手続の基本的構造及被告人の重要な利益に関する事項等基本的人権に関連する事項に付ては『法律』によることを要すると同時に、是等の事項に付ても、特別に法律の委任ある場合及び訴訟手続の技術的細目的な部分に付て規則の制定を認めるのが妥当ではあるまいか。」

とあつて、規則と憲法三一条との関係を問題にしていた。ところが判決は、規則三条三号は刑訴施行法一三条の委任にもとづき、その範囲内の規定であるから有効だとして、これを排斥した。

【7】「新刑訴法施行前に公判の請求があつた事件については、一般には刑訴施行法二条により旧刑訴法及び旧刑訴応急措置法を適用して審判すべきものであるけれども、刑訴施行法一三条においては『この法律に定めるものを除く外、新法施行の際現に裁判所に係属している件の処理に関し必要な事項は、裁判所の規則の定めるところによる』と定められ、規則施行規則三条三号においては『開廷後引き続き一五日以上開廷しなかつた場合においても、必要と認める場合に限り、公判手続を更新すれば足りる』と規定せられているから、裁判所は開廷後引き続き一五日以上開廷しなかつた場合においても、必ずしも公判手続を更新するの必

要なく、裁判所がその必要ありと認めた場合に限り手続の更新をなせば足るわけであり、前回公判開廷後一五日以上の経過があつたにも拘らず手続の更新をしなかつたことは、何ら違法と認むべきものでない。……憲法七七条は『最高裁判所は、訴訟に関する手続……について規則を定める権限を有する』とあつて、規則施行規則三条三号は右権限の範囲内に属するものと認められるのみならず、右条項は前記のとおり直接には刑訴施行法一三条に基くものであり、すなわち法律によつて委任されたものであるから、所論のごとく『国民の関与なしに裁判所のみによつて制定され』たものでなく、従つて『法律と規則とが競合する場合』でない」（最判昭二五・一〇・二五大法廷刑集四・一〇・二一五一。同旨、最判昭二五・一二・一四第一小法廷刑集四・一二・二五四八、最判昭二六・二・二三第二小法廷刑集五・三・四五〇、昭二六・五・一七第一小法廷刑集五・六・一一一七）。

つまり上告理由は、刑事訴訟手続の基本構造については裁判所規則は本来の管轄権を有せず、もつぱら法律の管轄事項とするべきであるから、規則施行規則のよく規定し得るところでないし、又この規則が法律の委任にもとづく委任命令だとすれば、それは委任の範囲をこえている、というのに対し、判決は、この規則は委任命令であつて、委任の範囲をこえていない、というのである。しかし、もし委任命令だとしても、刑訴施行法二条には旧刑訴によるとあるのであるから、刑訴施行法一三条にもとづく規則は、この二条を除外した事項についてのみ、別の規定を設け得るにすぎない筈であつて、その点で、規則施行規則の規定の効力は問題となるのである。しかし判決はこの問題をとりあげていない。総じて最高裁判所の、規則と憲法三一条の関係に対する態度は、分明でない。ただ、訴訟手続に関する事項は、規則のみならず、法律もまた管轄権をもつ、という点だけは明らかにしている。

【8】「論旨は要するに、訴訟に関する手続は、憲法七七条によりすべて最高裁判所規則で定めるべきものであつて、法律で定めるべきものではないのであるから、法律をもつて規定した刑事訴訟法は憲法に適合

しないものであり、原判決がこの法律を適用したことを以て違憲であると主張するに帰する。然し、法律が一定の訴訟手続に関する規則の制定を最高裁判所に委任しても何等憲法の禁ずるものでないことは当裁判所の判例の示すところである。そして右判例が、法律により刑事手続を定めることができるものであることを前提としていることはいうまでもないことである。従つて、刑事訴訟法が適憲であることも亦おのずから明らかであるといわなければならない」（最判昭三〇・四・二二第二小法廷刑集九・五・九一一）。

三　裁判所規則と他の法、とくに法律との、効力の優劣関係はどうか、という問題が生ずる。規則と法律とが互いに排他的な専属管轄事項をもつていて、法律のもつぱら規定すべき事柄については規則は定めることができず、また、規則のもつぱら規律すべき事柄を法律が規定するなどということが許されないとすれば、この問題は生じない。しかしながら通説はこのような排他的・独占的管轄権を法律にも規則にも認めないのであるから、やはり、法律と規則の効力の優劣が問題となるのである。

この問題については、(1)法律が規則に優越するとする学説、(2)規則が法律に優越するとする学説、(3)両者の形式的効力は平等であるとする学説、の三つがある。(1)説は、憲法四一条の「国会は国権の最高機関であり、国の唯一の立法機関である」という規定に重点をおいて考える立場から生ずるのであり、(2)説は、憲法七七条の規定に重点をおき、それを排他的・孤立的に解する結果生ずる学説であつて、理念的には、司法権の独立の原則を優越的に重視する態度から生ずるのであり、(3)説は、いわば両説の妥協的解釈ともいうべきもので、あまりはつきりとした理論的根拠は見出しがたい。(2)説は、もし法律が規則に優先する効力をもつとすれば、法律でもつて訴訟手続、裁判所の内部規律などあらゆる事柄を規定してしまう場合を考えたら、もはや裁判所の規則制定権の発動する余地がなくなつてしまい、ひいては七七条の規定の存在する必要がなくなつてしまう、という理由をあげて(1)説を攻撃する。この攻撃は一応もつともであるが、前述したように、訴訟手続や裁判所の内部規律などのうち、直接国民の権利・義務に関係しない事項は、むしろ規則の専属的管轄事項だと解すれば、この攻撃はあたらない。のみならず、一層基本的には、憲法の基本的性格にある国民主権主義と権力分立主義の立前にそつて、この問題を考えれば、(1)説の方が妥当である。なぜなれば、国民主権主義からいえば、国政のあらゆる事項は、特に国民の権利・義務に関する事柄は、国民代表たる国会の意思によつて制定された法律で規定するのが当然であり、国民意思の関与していない裁判所の規則で定めるのは、むしろ例外とすべきであり、したがつて規則と法律が衝突したときには、国民意思の関与した法律が優先するのが当然ということになる。また、権力分立主義からいつても、立法権はもつぱら国会に帰属するのが立前であつて、司法機関たる裁判所が法を定立するのは、むしろ例外的な現象であるから、規則が法律に優先する効力をもつような結果を認めることは、権力分立の原則の破壊というべきである。

この点に関して裁判所の判例の態度は明白ではないが、少数意見として法律優位説が出ていることだけを指摘しておこう。前記【7】の判例において沢田裁判官の少数意見は次のように述べている。

「多数説は刑訴規則施行規則三条三号は憲法七七条の権限の範囲内に属するものと認められると説明しているところから見ると、多数説は同条号によつて更新手続きをしないでした第二審判決は憲法に違反しないとの趣旨と解せられる。そして、かかる見解は同条号により最高裁判所の制定した規則が旧刑訴三五三条の規定を改廃する効力のあることを前提とするものであるが、かかる見解には反対であるから、その要旨を述べる……。

憲法七七条には『訴訟に関する手続』といつているから、この手続とはいやしくも訴訟に関する手続ならそれがいかなる訴訟に関するものであるかは問うところなく一切の手続を指し、又その手続が訴訟当事者なり第三者なりの自由財産等の基本的人権にどのような深い関係をもち、どのような重大な影響を及ぼすものであつてもすべてこの手続に包含され、従つて同条は最高裁判所に、いやしくも訴訟に関する手続なら細大漏らすところなく、それについて規則を定める権限を与えているものだと解することは、同条だけの文字解釈としては一応うなずかれるところである。しかし、憲法三一条、七六条三項等の各規定に鑑みて、訴訟に関する手続の中で国会が法律で定めなければならぬと解せられるもののあることは議論の余地がない。しかのみならず、訴訟に関する手続についての規定中にはかような法律で定めなければならぬものの他のものでも法規の性質を有するものもあることは争いえないところである。しかるに、憲法四一条には国会は唯一の立法機関である旨を規定して、例外なく法規を制定する権限は国会に属する旨を宣言しているのであるから、訴訟に関する手続についての規定が法規の性質を有するものである限り、これを制定する権限は国会に属するものといわなければならぬ。そうすると憲法七七条は最高裁判所に訴訟に関する手続について法規たる性質を有しない規定だけを規則で制定する権限を与えたものと解しなければならぬようであるが、かように解することは、同条の立法趣旨にそわないものであるといわなければならぬ。それ故に憲法七七条は法規の性質を有する規則をも制定する権限を最高裁判所に与えたものであると解するのが相当である。しかし、それかといつて、訴訟に関する手続の規定で憲法三一条等の関係から法律でなければ定められないもの以外の法規たる規定を制定する権限の一切を国会の立法権から剝奪して、これを最高裁判所の規則制定權に専属せしめるという憲法の趣旨であるかというに、かような趣旨を明らかに示している規定は勿論、その趣旨を窺知するに足る規定も亦その規定の片鱗も憲法には存しない。そうすると右のような訴訟手続に関する規定を制定する権限は国会と最高裁判所といずれにも属するものといわなければならぬ。しかるに、右のような手続の規定について国会で制定すべきものは何んであるか、若しくは最高裁判所で制定すべきものが何んであるかを明確に定めた特別の規定は憲法に存しない。そこで、いきおい訴訟に関する手続についての規定を国会と最高裁判所とはその見るところに従つてそれぞれ法律と規則とで制定することとなり、その結果は法律と規則の内容が互に矛盾、牴触する場合が生ずることは避けられないところといわなくてはならぬ。しかも、内容の相互に相いれないかかる法律と規則とが、いずれも同時に有効のものと認むべきでないことはいうまでもない。ここにおいて、内容が矛盾牴触するかかる法律と規則とはその何れが有効であるかの問題を解決するに足る直接の明文は憲法に存しない。しかし、本来は唯一の立法機関たる国会の権限に属している訴訟に関する手続についての法規を制定する権限を最高裁判所にも与えた憲法の精神を推量するに、主として、いやしくも法規の性質を有する規定であるなら、それが、どんな訴訟に関する手続の規定でもそのすべてを国会が法律で定めなくてはならぬというようなことでは、訴訟事件の処理上実際に適切でないから、国会だけでなく、訴訟事務の実際に当りこれに精通している最高裁判所にも訴訟に関する手続の規定を制定する権限を行使せしめるのが相当だとの趣旨であることには間違がない。ところで、憲法は最高裁判所にこの規定を制定する権限を与えるについて、一方ではこの規定を規則で制定するということに定め、他方では憲法が一般的に法律、政令、命令、条例、規則等の形式的効力を政令は法律に、命令は政令に、条例、規則は法律に劣るとするたてまえでいろいろの規定を定めていながら、この最高裁判所の制定する規則に限つて、その形式的効力が法律に優位するとか、法律に同位するとかの趣旨を特に認めた規定を設けていないばかりでなく、法律や政令の制定に関する形式上の手続についての憲法の規定を、一般規則とことなり、特に最高裁判所の規則だけに適用することを認めた規定も定めていないし、憲法四一条の規定から明らかであるように、規則を定める最高裁判所の国家機関としての地位は法律を定める国会の国家機関としての地位に次ぐものと見るべきこと等に鑑みて、訴訟に関する手続についての法律と規則との形式的効力にも、法律は規則に優位するとの憲法上の一般原則が適用され、訴訟に関する手続についての法律とその内容において矛盾牴触する規則はその法律によつて改廃されるが、その法律を改廃しえないものとする憲法の精神だと解するの外はない。されば、憲法七七条は国会が訴訟に関する手続について定めた法律とその内容において矛盾する規則を制定することを最高裁判所に許さないし、最高裁判所が訴訟に関する手続について定めた規則とその内容において矛盾する法律を制定することを国会に禁止するものではない、と論結しなければならぬ。(かように、右七七条の規定を解すべきだとすると、憲法は訴訟に関する手続についてこの規定を国会が定めるか最高裁判所が定めるかの終局的な決定権は国会の専権に属せしめるという趣旨だということになる。そうするとこの見解は、最高裁判所の規則制定権は一に国会の意思によつてその運命が定まるという一見極めて曖昧な影のうすい第二次的な劣弱なものにすぎないとする憲法の趣意であると解することになる。しかしそれでは右七七条を特に設けた憲法の趣旨がいかにも低調で殆ど無意味に等しくなり、若しも同条がこの程度の権限を最高裁判所に与えるにとどまる趣旨の規定であるとしたなら、憲法は必ずしも同条の規定を特に設ける必要はないのであつて、最高裁判所の規則で定めさせるのが適切だと考える訴訟に関する手続については、国会が最高裁判所にこれについて規則を定める権限を与える旨の委任の法律を制定すれば事足りるのではないかとの説もでてくるかもしれぬが、もともと、最高裁判所の憲法上の地位は司法機関たるにとどまつて、立法権を行使することを本来の任務とするものではない。従つて憲法に特別の規定がない限り、当然にはいかに法律で最高裁判所に規則を制定する権限を委任しても、最高裁判所はこの委任の規定だけに基いて法規たる規則を制定することは憲法上許されないと解すべきであるから、右七七条は法律の委任によつて最高裁判所が規則を制定するためにも不可欠の規定であるのみならず、同条の規定は法律の委任のない場合において且つ法律に定めていない訴訟に関する手続について、最高裁判所がその見るところによつて規則を制定する権限を特に最高裁判所に与えているものであることにおいても亦高く評価されてしかるべき規定と思う。……(中略)

されば旧刑訴三五三条に矛盾牴触することの明らかな刑訴規則施行規則三条三号は憲法七七条に違反し無効のものであるといわなければならぬ。」

三 通達

一 近ごろ「通達による行政」ということが言われ、それの良否をめぐつて論議が相当活潑にかわされている。法治国家においては、「法律による行政」が大原則であつて、すべての行政活動は法律に定められた要件に従つて法律の定めた枠内で、その具体的実施として行われるべきで、行政官庁の恣意的な支配は行われてはならないのである。ところが通達とか訓令とかいうものは、憲法上に何らの根拠もない、単なる行政官庁の法外の意思表示であるにすぎない。しかるにこの通達が近時厖大な数にのぼり、実際の行政はこの通達によつて行われる場合が非常に多くなつている。殊に税務行政においては、各種の租税の賦課・徴収は、その実際の取扱は大部分この通達に準拠して行われているのである。そこで、「法律による行政」であるべきものが、実際には「通達による行政」で行われていることに対して、非難が向けられるのである。

しかし考えてみると「通達による行政」といわれるものにも、それが行われるに至つたのにもそれ相当の理由があり、あながち非難ばかりするわけにはいかないものもある。というのは、あらゆる行政の隅々にまで法律によつてこまかく規定し、行政機関はただその機械的適用にとどまるのが、法治主義の理想であるけれども、実際問題としては、法律があらゆる行政の細部まで具体的に規定することはできない。事宜に応じて臨機に適当な措置をとらなければならない問題もあろうし、また事柄があまりに専門的・技術的にすぎて、国会で審議・立法するには適しないものもある。そのような場合には、法律はむしろ枠を定めるにとどめて、実施の面における裁量の幅を行政機関にのこしておくことが多い。行政機関はそこで、法律の委任を受けた委任命令か、或いは実施の細目を定める執行命令かでもつて、法律の規定を具体化するのが望ましいが、そうでない場合には、またはその場合でもなお命令の規定が抽象的である場合には、各行政機関の間の実施面での不統一や疑義を是正し明確化するために通達を出す必要のある場合がある。そのような理由によつて出された通達が多量にのぼり、ここに「通達による行政」とよばれる事態が生ずるのである。

二　通達の法律的根拠は、国家行政組織法一四条二項の「各大臣及び各外局の長は、その機関の所管事務について、国家公務員法及びこれに基く規則の規定に従い、命令又は示達するため、所管の諸機関及び職員に対し、訓令又は通達を発することができる」という規定にある。職務上の上級官庁がその下級官庁に対して、その職務の執行について命令をなし得ることは、およそ行政機関の組織上当然のことがらであつて、法律の規定をまつて初めてかかる権限が上級官庁に生ずるのではない。したがつて右の国家行政組織法の規定は、創設的な性質を有するものではなく、いわば当然の事柄を注意的に規定したものに外ならない。したがつてそこに云うところの「各大臣及び各外局の長」だけが通達を発する権限を有するのではなくて、一般に行政組織上の上級官庁がすべてこの権限を有するのである。

また、それは国家行政組織内の上級・下級の官庁の間にだけ発せられるのではなくて、職務上の指揮監督関係の存在する以上、その職務に関する限り、異種の機関の間にも通達が発せられ、拘束力をもつことがある。例えば国家事務の処理が地方公共団体の機関に委任されている場合においては、国の機関としての各省大臣が、地方公共団体の機関としての府県知事に、さらに府県知事が市町村長に通達を発することもできる（地方自治法一五〇条）。

もちろん通達が有効であるためには、職務上の上級官庁がその下級官庁に対して発し、かつ、その下級官庁の職務の範囲に属する事項についてでなければならないことは当然である。職務上、上下の指揮監督のない場合は、それがたとえ身分上の上下関係にあつても、通達を発し得ないし、仮に発しても無効であること勿論である。すなわち身分上の下級官庁が職務上の独立性をもつている場合は、その職務に関し通達を発し得ないし、また発しても拘束力はない。したがつて例えば文部大臣が教職員の身分・給与の取扱に関して各地方の教育委員会に対し通達を発しても、拘束力はない。

次に通達は、その内容の性質からみて二種類に分類される。

その第一は、法令の規定の解釈の基準を示すものである。法令の規定の意味が一義的に明瞭でなく、さまざまの解釈の可能性をふくむ場合に、下級官庁の解釈・適用が誤つて行われないように、行政執行の合法性を維持するために発せられるものが極めて多い。殊に、新しい法令が制定され、または法令の改正があつた場合に、その解釈の基準を示すために発せられるものが多い。行政内部の有権的解釈、一種の公的解釈を示すものである。しかしこの解釈が正しい解釈であるかどうかは保証せられない。それについては後述する。

その第二は、法令の規定の運用方針、或いは行政裁量の基準などを示すものである。法令の規定がある程度の裁量の幅を行政機関にのこしている場合に、下級官庁がマチマチの実施をすれば、或いは不公平の取扱を生じ、行政の統一性が保持されない。そのような不統一を避けるために、実施面での取扱準則を定めるものである。しかし法令の規定の実施の仕方とか、或いは裁量の基準などは、本来、委任命令か執行命令などの法形式で定めるべき事柄であるから、通達の方法によらずに、法規の形式で定めるのが望ましい。

三　さて、かかる通達の法的性質は何であるか。これが職務上の命令権をもつ上級官庁の、下級官庁えの命令であるから、その限りで法的拘束力をもつ——むろん法令に違反していないことを条件として——ことは当然である。しかしそれが官庁間の拘束力を越えて、個人（国民）にまで拘束力をもつ法規たる性質をもつかどうかが問題である。この点に関しては、学説も判例も否定的な立場をとつている。例えば田中二郎教授は、

「上級行政庁が、法令の解釈、法令の運用方針又は事務取扱の準則を通達の形式をもつて、下級行政庁に示達したときは、下級行政庁は、これによつて拘束され、これに従つて行政の執行をしなければならず、仮りに、その通達について疑義のある場合においても、実際上には、これに従つて行政を執行するのが通例である。従つて通達が、あたかも、法令と同様に、行政に関する法源としての意味をもつように考えられ易い。しかし通達そのものとしては、法令とはその性質を異にし、あくまで、上級行政庁の下級行政庁等に対する法令の解釈基準又は取扱準則的な性質をもつに止まるものであつて、たとえ、下級行政庁が通達に違反して具体的な処分をなし又は私法上の行為をした場合においても、——特に通達による取扱が慣習法にまで高められてい

る場合は別として――通達に違反するということだけを理由として、それらの行為の効力を否定することはできない。通達に違反する行為も、その法律的効力において、何ら妨げられることはないと解さなくてはならぬ」（田中二郎「法律による行政と通達による行政」自治研究三二・七・九）。

通達が法的拘束力をもたないことは判例もまたこれを認めている。例えば次にあげる最高裁の判決は、そのことを明言している。この事件は、山林の所有者がその所有する山林を自作農創設特別措置法によつて、政府に買収されたのを違法として争つたもので、上告理由は、自創法三〇条の未墾地買収の規定を運用するにつき発せられた昭和二四年一月一八日付、二四開第六三号農林次官通達「天然林人工林の如何を問わず、他に稀な林相や品種であるために特別の価値を持つ優良林若くは利用上他にかけがえのない優良林は特殊優良樹林として国民経済的観点から特に存置を要すると認められるものについては開拓適地に選んではならない」というのは、自創法の解釈運営を補足する法令と解すべきものであるから、この通達に違反してなされた買収計画は違法である、と主張したのであつた。これに対して判決は次のような理由でこれをしりぞけた。

【9】「右農林次官通達は、農林省令の形式によるものでないのみならず、農林次官に法令を制定する権限がないのはもちろん、また、自作農創設特別措置法その他の法律で、かかる事項について法令を制定する権限を行政機関に委任した規定もないのであるから、所論のように、右通達を法令と解することはできない。右通達は単に農林次官が農林大臣の補助機関として、関係行政機関に対し、権限行使の指針を示したものというよりほかはない。従つて土地の買収計画が右通達に違反して定められたからと言つて違法の問題を生ずることはなく、また、通達の示す基準に適合していたからと言つて直ちに買収が適法であるとも言えない。

買収計画の適否はもつぱら法律の規定及びその趣旨に適合しているかどうかによつてのみ判断すべく、通達に適合するかどうかについて判断すべきものではない」(最判昭二八・一〇・二七第三小 法廷民集七・一〇・一一四一)。

つまり判決は前記学説と同じ考え方で、通達の法規性を否認しているのである。

通達はこのように、単に、行政官庁間の事務取扱についての指針ないし基準を示すものであるから、それは法規として国民を拘束することはない。したがつて、具体的な行政処分が、仮に、通達に違反して行われたとしても、それだから違法ということにはならない。それが違法であるか否かは、もつぱら法令の規定の解釈によつて定められるべきである。この趣旨の判例は、前記最高裁の判例の外に、次の判決をあげることができる。これは、原告が国家公務員法七八条四号によつて免職処分に処せられたのに対して、その処分の違法を争つた事件であるが、原告はその一つの理由として、この免職処分が、郵政兼電気通信大臣の、行政整理の方針に関して発した声明(整理基準)に反していることを挙げた。これに対して判決は次のように言つて、これを却けた。

【10】「右整理基準なるものの性質を考えてみるに、……右は単に今回の整理実施の便宜のため設けられた一応の処理標準に過ぎぬか又はせいぜい省内における職務規定又は訓示規定に止まるのであつて、原告主張のごとき意味の法的規範性はこれを有しないものと解せられる。従つて、たとえ右整理基準に違反して免職処分がなされても右処分をもつて直ちに法律上無効となすことはできず、本件において仮に原告等に対する免職処分が前記整理基準に違反するとしても、右はたかだか他の法規違反の事実を推測せしむる徴ひようとなるに止まり、右処分自体の効力まで否定する根拠とはならないのである」(名古屋地判昭二六・四・二八 行政例集二・六・九二五)。

これらの通達は、前記分類の第二の種類、つまり行政官庁の裁量処分について、その裁量の基準を示したものであるから、これに反して裁量を行つても、法律自体の定める裁量の範囲を逸脱しない限り、その処分は違法とはならないのである。このことは、第一の種類の通達、つまり法令の解釈の基準を示した通達についても、同様にあてはまる。

通達に違反しても、法令に違反しない限り、処分は違法とならないのであるから、逆に、通達に従つたからといつて、その処分はいつでも合法だと主張することもできない。通達が違法であるならば、それに従つた処分も当然違法である。裁判所は行政処分の違法性の判断について、全然通達に拘束されない。

しかしこのことは、通達が全然無意味だというように理解されてはならない。裁判所は行政官庁の通達を、法規の解釈についても、また自由裁量の当否の判断についても、これを一つの資料にすることは、一向差支ない。殊に事柄が極めて専門的・技術的な問題に関する場合は、専門技術的な通達を、判断の資料として利用することは、適当でもあるし、有効でもある。要は、裁判所が通達に拘束されず、主体的にその価値を判断して、これを利用することができる、ということである。裁判所が通達を、主体的に利用して、その判断の資料とした例は、次の判決に見られる。事件は、控訴人が自創法三〇条に定める未墾地として買収されたのに対して、開拓不適地であると主張して、買収処分の取消を求めたのであるが、裁判所は、その開拓適地かどうかの判断を、農林次官通達に基準をおいて判断したのである。

【11】「これらの基準は農地法施行令の基準を補足する趣旨で、農地法第四十四条にいうところの国土資源

の利用に関する総合的な見地を定めるについて専門的知識に基いて一定の基準を定めたものであるから、それが農林次官から関係行政機関に対する権限行使の指針を示したものに過ぎないとしても、裁判所は開拓適否の判断をするについて一の資料とすることができる。

本件土地は農林省所定の『開拓適地選定の基準』及び農地法に基く農地法施行令所定の基準（これらの基準が本件について判断の資料となることは前述のとおりである）からみてもいずれも開拓不適地である。また、……その他前記認定のような諸般の事情を合せ考えると、本件土地は……開発して農地とすることが適当な土地とは認めることができない」（東京高判昭三一・一二・二七行政例集七・一二・二九六八）。

この判例は開拓適地か否かの判断に、通達を基準としているが、それは自主的にその通達の価値を判断して、これを一つの資料としているばかりでなく、同時に他の判断の資料をも併せ用いて結論に到達していることに、注意しなければならない。

四　ポツダム政令

昭和二〇年八月一四日わが国は連合国のポツダム宣言を受諾して、連合国に降伏し、同年九月二日降伏文書に調印して、戦争は終結した。ついで連合国軍はわが国を占領し、占領統治がはじまつた。占領統治の方式は、原則として、いわゆる間接統治の形態をとり、占領軍が直接日本国民に対して命令強制をする方法をとらず、日本国自身の統治機構の存在をみとめ、この日本国の政府に対して指揮命令をして、占領目的を遂行させるという方式をとつた。つまり、占領軍の方からみれば、日本国政府は占領行政についての占領軍司令部の下部機構であり、日本国民の方からみれば、自国の統治機構の上に絶対的権力者としての占領軍司令部がある、という形である。すなわち、占領中に日本国の法秩序の根本規範としての日本国憲法が制定実施され、日本国政府の日本国民に対する統治関係は、日本国憲法によつて規律拘束され、憲法の合法性の枠内で行使されなければならなかつたが、日本国政府の上には、日本国憲法に拘束されない占領軍司令部があり、これが自由に日本政府に対して要求し、命令する、という形であつた。したがつてそこには、憲法に拘束される日本国政府と、憲法に拘束されない占領軍司令部との関係、しかも両者の間には命令・服従の関係があるということから、いろいろの無理が生じる。ポツダム政令に関する種々の法律上の問題点は、この無理の一表現である。

そこで問題点を理解しやすくするために、占領法規の基本となる法令の制定・改廃の概略を年代順にならべてみると次のごとくである。

一　昭和二〇年八月一四日　ポツダム宣言の受諾　同九月二日　降伏文書調印

二　昭和二〇年九月二〇日　勅令五四二号「ポツダム宣言の受諾に伴い発する命令に関する件」

三　昭和二二年五月三日　日本国憲法発効

四　昭和二二年四月一八日　法律七二号「日本国憲法施行の際現に効力を有する命令の規定の効力等に関する法律」

五　昭和二七年四月二八日　平和条約発効

六　同日　法律八一号「ポツダム宣言の受諾に伴い発する命令に関する件の廃止に関する法律」この法律によつて勅令五四二号（いわゆるポツダム勅令）は廃止されたが、この勅令に基く政令（いわゆるポツダム政令）は、別に特別の定めのない限り、四月二八日から起算して一八〇日間、法律としての効力を有するものと、定められた。

七　昭和二七年五月七日　法律一三七号「ポツダム宣言の受諾に伴い発する命令に関する件に基ずく法務府関係諸法令の措置に関する法律」この法律によつて、政令三二五号「占領目的阻害行為処罰令」は五月七日かぎり廃止されたが、廃止前の行為に対する罰則の適用だけは、なお従前の例による、と規定せられた。

すなわち、占領軍の間接統治方式の国内法的基礎はまず勅令五四二号のポツダム勅令によつて与えられ、この勅令によつて、占領軍の要求ないし命令が国内法的な法令となる、いわば一種の切換装置がつくられた。この勅令は旧帝国憲法下の緊急勅令であつたから、帝国議会の承諾を得ることによつて、確定的な、法律と同一の効力を有することになり、日本国憲法の施行と同時に、前記四の法律によつて、日本国憲法の下においても、有効に存続することとなつた。このポツダム勅令の根拠にもとづいて、その後占領期間中占領軍からさまざまの要求や指令のあるたびごとに、多くの政令が制定施行せられた。いわゆるポツダム政令とよばれるものがこれである。この政令のなかには、日本国憲法の規定に違反すると思われる内容を含んだものも沢山あつた。平和条約発効と同時に、占領状態は解消し、日本国政府の上部機構としての占領軍司令部はなくなり、日本国憲法の上に位置する上級権威はなくなつて、日本国憲法が完全にその効力を発揮することになつた。しかしこの占領時と独立回復時との間の過渡的な経過措置として、前記六および七の法律が制定され、ポツダム政令は一定時間をかぎつてなおその効力を存続せしめ、或いは、政令そのものは廃止されても罰則だけは適用することとされたのである。

そこで法律上の問題点としては、次の諸点があげられる。

㈠　ポツダム勅令の内容があまりに広汎な立法授権を命令（政令）に与えているから、このような広汎な立法事項の委任を命令に対してなし得るかどうか。

㈡　憲法の規定に違反する内容をもつたポツダム政令は有効かどうか。

㈢　平和条約発効後、日本国憲法が完全な効力を回復した後において、なおポツダム政令の効力を延長する法律や、罰則の効力を延長する法律は、有効かどうか。ことに、ポツダム政令の規定が憲法に違反する内容をふくむ場合においても、なお有効かどうか。

これらの問題を以下順次にとりあげて検討しよう。

一　昭和二〇年九月二〇日の勅令五四二号「ポツダム宣言ノ受諾ニ伴ヒ発スル命令ニ関スル件」、いわゆるポツダム勅令は「政府ハポツダム宣言ノ受諾ニ伴ヒ連合国最高司令官ノ為ス要求ニ係ル事項ヲ実施スル為特ニ必要アル場合ニ於テハ命令ヲ以テ所要ノ定ヲ為シ及必要ナル罰則ヲ設クルコトヲ得」と定めた。この勅令は旧帝国憲法八条にもとづく緊急勅令として出されたが、当時わが国は敗戦直後の混乱のなかにあり、連合国軍隊の占領下にあつて、連合軍司令部の性急な命令に従わなければならない事態に在り、かつ帝国議会の閉会中であつたから、緊急勅令として出される形式的要件は一応そなわつていた。問題は、だから、その内容が憲法に違反しないかどうか、であつた。

この緊急勅令は法律と同一の効力をもつが、法律が命令に、法律事項の規律を委任し得る限界を、この緊急勅令も守つているかどうか、すなわち、この勅令は委任立法の限界をこえる広汎な立法授権を命令に与えるものではないか、という点が問題であつた。「委任命令」の項でのべたように、法律が命令に立法を授權する場合には、立法の目的と範囲、立法の対象となる事項と規律の条件を特定しなければならない。立法の目的と範囲を限定せず、また何らの条件をも付せないでする、広汎・無限定な立法の委任は、憲法上許されないとせられる。

ところで、この緊急勅令は一応委任立法の目的を限定している。すなわち、連合国最高司令官のなす要求に係る事項を実施するため特に必要のある場合に命令に立法を委任する、というのであるから、命令に立法を委任する目的は、連合国最高司令官の日本統治のために発する日本国政府に対する要求を、国内法として実施するためである、と限定せられている。その点は良いが、立法事項の範囲ならびに立法の条件、すなわち、国民生活のいかなる事項を対象にして規定するか、また如何なる条件の下で規定するか、例えば罰則は何年の懲役の限度内において規定するか、等については全く無条件・無限定である。かような点においてこの緊急勅令は委任命令の範囲を逸脱した授權をするものとして、憲法違反ではないか、という問題がおこる。

連合国最高司令官の日本国政府に対する要求ないし指令は、ポツダム宣言の条項と一般国際法のほかには何ら拘束されるものはなく、そのときどきによつてきめられる占領政策に応じて出されるのである。もちろん旧帝国憲法にも日本国憲法にも拘束されない。日本国政府はポツダム宣言を受諾して降伏した以上、その要求ないし指令に従つて実施しなければならない。その指令や要求が日本の憲法に違反しているとしても、それを理由にこれを拒否することはできない。しかし又、日本国政府は日本国民に対する関係では、旧帝国憲法や日本国憲法にしたがつてこの要求や指令を国内法化しなければならない。その限りでは、事柄が国民の権利義務に関するものであれば法律をもつてこれを国内法化しなければならない。これが原則である。ただ例外的に、法律制定の方法をもつてすることができない場合、例えば連合軍司令部の要求がその要求の実施を早急になすべきことを求めているような場合には、委任命令の方法によらなければならない。すなわち日本国憲法の立場からすれば、占領下にある間は、委任立法もまた許されるであろうが、しかしすくなくとも、法律制定の余裕のある場合には、かかる委任立法の方法によるべきでないことを明記すべきである。委任立法を定める右の緊急勅令にはかかる限定が定められていない。連合国の要求を実施するにしても、法律制定の方法による余裕が十分ある場合にも、委任命令の方法で行うという、命令の濫用もおこり得るわけである。

次にこの勅令は委任命令の規律することあるべき事項を全然限定していない。委任命令の法理は、命令の規定し得る事項と範囲を限定することを要求する。全然無限定の委任はいわゆる白紙委任として許されないところである。すくなくとも治安維持に関する事項とか、金融統制に関する事項とか、大まかにでも、立法事項の限定がなされ、かつ、命令の規律すべき範囲、例えば罰則を定める場合は最高限を懲役何年、罰金何万円とするという風に、定めなければならない。ところがこの勅令は全くそのような事項及び範囲を定めていない。ほとんど白紙委任といつても差支ない程の広汎な授権である。この見地からすればこの緊急勅令は旧帝国憲法にも日本国憲法にも違反しているといわなければならない。

しかしながら又一方からみれば、かかる広汎な授権もまたやむを得なかつたといわなければならない。このたびの占領は史上にその例をみない広大な目的をもち、従つてその占領政策も実に多角的であつて、単に治安維持や賠償の保証の如き狭いものではなく、わが国の統治機構はもとより、国民生活全般にわたる革命的変革を実現せんとするものであつた。従つて連合国司令部の指令や要求も、その及ぶ範囲は国民生活のほとんど全部にわたり、あらかじめその範囲を窺知することのできないものであつた。従つて、かかる広汎にして多面的な要求や指令を即応的に実施するためには、あらかじめ事項や範囲を限定することなく、広汎な授権をすることも、またやむを得なかつたと認めざるを得ない。かかる超憲法的な権威からの指令を、憲法の枠内で処理しようとすることが本来無理なのである。

判例も、この超憲法的な権威と憲法の合法性とのディレンマにはさまれて、これを合憲として正当化するために、筋のとおらない説明をしている。すなわち、次の判例に見られるように、かかる広汎な無限定の立法授権は本来認めがたいところであるが、占領軍の絶対的な命令を誠実に履行しなければならない事態においては、これもまたやむを得ない、という超論理を展開している。

【12】　「昭和二十年勅令第五四二号『ポツダム宣言ノ受諾ニ伴ヒ発スル命令ニ関スル件』は、旧憲法第八条に基いて発せられた所謂緊急勅令であつて、この勅令は、周知のごとく、我が国がポツダム宣言を受諾して、同宣言の定むる諸条項を誠実に履行すべき義務を負い、且つ降伏文書に調印して、同文書の定むる降伏条項を実施するため適当と認むる措置をとる聯合国最高司令官の発する命令を履行するに必要な緊急処置として制定せられたものである。降伏条項の実施は広汎の範囲に亘つている。その実施に関する聯合国最高司令官の要求はその時期と内容を予測することができない。しかも、その要求があれば迅速且つ誠実にこれを履行することを要する。そのためには急速に所要の法規を設けることが要請され、到底いちいち議会の協賛

を経る手続をとることは不可能である。ここにおいて、政府はこの緊急の必要に応ずるため、緊急命令を制定し、これに基く勅令、閣令、省令によつて、従前の法律、命令の改廃、新法令の制定を行うこととしたのである。緊急勅令が命令に委任した立法の範囲は広汎である。しかしながら、降伏条項の誠実な実施はポツダム宣言の受諾及び降伏文書の調印に伴う必然の義務であり、その実施が広汎で且つ迅速を要することを考慮するときは、緊急勅令が委任立法の範囲を『ポツダム宣言ノ受諾ニ伴ヒ聯合国最高司令官ノ為ス要求ニ係ル事項ヲ実施スル為必要アル場合』と定めたことはまことに已むことを得ないところであつて、これを目して旧憲法第八条所定の要件を逸脱したものと言うことはできない。されば、緊急勅令が旧憲法下において無効であることを前提として右勅令に基く銃砲等所持禁止令の無効を主張する論旨は理由がない」（最判昭二三・六・二三刑集二・七・七二二）。

二　前記勅令五四二号にもとづいて発せられた命令（勅令、閣令、省令、政令等々——いわゆるポツダム政令）の内容が憲法の規定に違反するものであるとき、このポツダム政令は違憲・無効であるかどうか。

前記のように連合国最高司令官は超憲法的な権威であつて、その指令は全然日本の憲法に拘束されないのであるから、その指令を実施するために制定せられた政令（勅令・閣令その他の形式の命令を含めて）はかならずしも日本の憲法の合法性の枠内にとどまるとはかぎらない。げんに数個のこの種政令が憲法違反として争われた。ことに昭和二五年一〇月三一日の政令三二五号「占領目的阻害行為処罰令」（昭和二一年勅令三一一号の改正）は、その合憲性について最も世間の注目をひいたものである。この政令の内容は、連合国最高司令官の日本国政府に対する指令の趣旨に反する行為、その指令を施行するために連合軍官憲の発する命令の趣旨に反する行為、および、その指令を履行するために日本国政府の発する法令に違反する行為を禁止し、それに対して一〇年以下の懲役、二〇万円以下の罰金・拘留・科料の刑罰を定めるものである。この政令は、第一に、国民に保障せられた憲法上の基本的人権を、極めて概括的な、あらかじめ特定できない条件でもつて制限するとともに、第二に、あらかじめ特定できない構成要件で刑罰を科しているという点で、一方では基本的人権の憲法上の保障に反し、他方では罪刑法定主義の原則に反しているので、憲法違反の政令であるという主張は、十分理由がある。ところが、この政令もまた連合国最高司令官の要求によつて制定せられたものであるから、日本国政府としてはまたやむを得ず制定せざるを得ないものであつた。ここにもまた超憲法的な権威からの指令と、これを国内法化するについての合憲法性の要求とのギャップが露呈しているわけである。

判例は初めの間は、このギャップを、憲法の解釈を強引に歪曲して、この政令を合憲法性の枠内にあるものとして説明した。すなわち、占領目的違反の行為の禁止と処罰は、単に連合軍の占領政策遂行のために利益であるばかりでなく、日本の国内の秩序維持のためにも利益であり、憲法の要求する「公共の福祉」の必要のためという条件にも適合する、という論理を用いた。

【13】　「政令第三二五号の内容実質が憲法に違反するかどうかを検討するに『ポツダム』宣言は周知の如く日本人を民族として奴隷化し或は国民として滅亡せしめんとする意図を有するものではなく、日本国民の間に於ける民主主義的傾向の復活強化に対する一切の障碍を除去し基本的人権の尊重を確定し日本国をして民主主義国家として発展せしめんとすることを目的の一つとしており新憲法の理想が右宣言に一致することは其前文並びに本文に徴して明らかなところであるがポツダム宣言を受諾した後制定された我が国の憲法と

しては正に当然の帰結というべきである。されば日本の主権が連合国最高司令官の占領管理権の下に在つたとは云えそれはいたづらに連合国の圧迫に隷従するという種類のものではない。我が国がポツダム宣言を受諾したことによつて新たに平和を愛好する民主主義国家の建設に第一歩を踏み出し大多数の日本国民は前記目的を有する連合国の占領政策に協力し政治的経済的に苦難の道をたどりつつ徐々に独立国家となるに至つたものであるからたとえ形式的には占領下と独立後との間に一線を劃することが出来ても実質的には到底断ち得ない連続した発展の過程であつたと考える。従つて連合国の占領目的を阻害し最高司令官の占領管理権の行使を妨げる行為はとりもなおさず右発展の過程に障害を与えるもので憲法の理想にもとり我が国の秩序と安全をおびやかし公共の利益を害するものというべきである。……中略……右政令は連合国の占領政策の実施の為めのものでかく規定することはもとより当然であるが、同時にポツダム宣言の目的が前述の通りであるから国内秩序を維持して我が国が民主主義国家として発展することを保障する重要な役割を果したものと云わなければならない。尤も昭和二十年九月十日附言論及び新聞の自由に関する指令等の内容は一見憲法の言論出版の自由を保障する規定に抵触するが如き観がないでもないが右指令等により制限せらるる言論出版の自由は専ら連合国占領軍を誹謗し又は連合国に対する破壊的批判等を為す場合に限られて居るのである。しかしてかかる誹謗又は破壊的批判たるや名を平和にかるもその企図するところは厭戦平和を希求する日本国民と占領軍との間に反感摩擦を生ぜしめ占領政策を失敗に帰せしむると共に国内を破壊と混乱に導き暴力革命の目的を達せんとするにあることはまことに顕著な事実である。斯る場合にあつては我が国の法秩序を維持し憲法を擁護し国家を破壊と混乱から守るため即ち公共福祉のために言論出版の自由といえども制限を受くべきものであることは憲法自身の内在律からは勿論憲法第十二条第十三条の規定の趣旨からも明らかなところであり結局前段縷述の趣旨に合致するのである。即ち政令第三二五号は実質的にも亦合憲と云わなければならない」（札幌高判昭二七・八・一五刑集五・八・一三八二）。

【14】「憲法第二十一条所定の言論、出版その他一切の表現の自由と雖も公共の福祉に反し得ないものであることは憲法第十二条第十三条の規定上明らかである。それゆえ新憲法下における言論の自由と雖も国民の無制約な恣意のままに許されるものではなく、常に公共の福祉によつて調整されなければならない。そしてわが国は『ポツダム』宣言を受諾しその誠実な履行を約したものであるが連合国最高司令官は『ポツダム』宣言を実施するため必要な指令を発するものであり勅令第三百十一号（政令第三百二十五号）はこの指令を履行するために必要欠くべからざるものとして制定されたものであるから勅令第三百十一号（政令第三百二十五号）は直接には連合国占領軍のためのみの法規の如くであるけれども同時に連合国最高司令官の指令に従いその日本占領政策に協力し民主主義日本の再建を念願する日本国民の福祉にもかなうものであつてこれら良識ある大多数の日本国民の意図を無視し前記覚書の趣旨に反し連合国に対する破壊的批評を論議するが如きは公共の福祉に反するものであつて憲法の保障する言論の自由の限界を逸脱したものであること明らかであるから平和条約発効の前後を問わず勅令第三百十一号（政令第三百二十五号）及びこれに引用される昭和二十年SCAPIN第十六号『言論及び新聞の自由』は憲法に反するところはなく従つて昭和二十七年法律第百三十七号第三条第一項は合憲有効であると解すべきである」（東京高判昭二七・七・一五、刑集五・八・一三四二）。

しかしこのような説明はどうしても無理である。このような論理は、占領軍のなすことはすべて絶対的に善であり、直接日本国民の利益と幸福をもたらす、ということを前提にしなければならない。さらに、この前提が仮に是認されても、国民の基本的人権を制限するには、もつと具体的な条件が定められなければならない。ことに、基本的人権のうちでも最も高度の保障を必要とする言論・出版などの表現の自由権は、真にやむを得ないぎりぎりの具体的条件を明記するのでなければ制限されてはならない、というのが憲法の要求である。単に連合軍最高司令官の指令に反する行為というような、漠然とした、特定しがたい、その時その時で内容の変転する構成要件でもつて、表現の自由を制限することは許されない。又、憲法の定める罪刑法定主義の原理からみても、かかる政令は是認され得ない。罪刑法定主義は、刑罰も、刑罰の対象となる犯罪の構成要件も、法律でもつて定めることを要求するのであつて、権力者の命令によつて何が犯罪となるかを定めることは許さない。何が占領目的であるかは占領軍の指令や命令によつてはじめて特定されるのであつて、政令自体からは、何が占領目的であり、何が犯罪となるかは確認することはできない。この政令は犯罪の構成要件は全く白地のまま、その具体的内容は占領軍の意思のままに任せ、それに刑罰を科するものであつて、到底罪刑法定主義の原則に適合しない。

されぱといつて、ポツダム宣言を受諾し、降伏文書に調印した日本国政府としては、占領軍の要求を拒否することはできない。裁判所としても、かかる状況の下に制定された政令を、それが憲法違反だからといつて、適用を拒否することはできない。そこで判例は、超憲法的な権威から発する要求を、無理に憲法の枠内にねじこんで合法化する無理を断念して、後には、かかる政令を超憲法的な合法性として説明する方向に転換した。すなわち、

【15】「昭和二〇年勅令第五四二号は、わが国の無条件降伏に伴う連合国の占領管理に基いて制定されたものである。世人周知のごとく、わが国はポツダム宣言を受諾し、降伏文書に調印し、連合国に対して無条件降伏をした。その結果連合国最高司令官は降伏条項を実施するため適当と認める措置をとる権限を有し、この限りにおいてわが国の統治の権限は連合国最高司令官の制限の下に置かれることとなつた（降伏文書八

項)。また、日本国民は、連合国最高司令官により又はその指示に基き日本国政府の諸機関により課せられるすべての要求に応ずべきことが命令されており(同三項)、すべての官庁職員は、連合国最高司令官が降伏実施のため適当であると認めて、自ら発し又はその委任に基き発せしむる一切の布告、命令及び指令を遵守し且つこれを実施することが命令されておる(同五項)。そして、わが国は、ポツダム宣言の条項を誠実に履行することを約すると共に、右宣言を実施するため連合国最高司令官又はその他特定の連合国代表者が要求することあるべき一切の指令を発し且つ一切の措置をとることを約したのである(同六項)。さらに、日本の官庁職員及び日本国民は、連合国最高司令官又は他の連合国官憲の発する一切の指示を誠実且つ迅速に遵守すべきことが命ぜられており、若しこれらの指示を遵守するに遅滞があり、又はこれを遵守しないときは、連合国官憲及び日本政府は、厳重且つ迅速な制裁を加えるものとされている(指令第一号附属一般命令第一号一二項)。それ故連合国の管理下にあつては、日本国の統治の権限は、一般には憲法によつて行われているが、連合国最高司令官が降伏条項を実施するため適当と認める措置をとる関係においては、その権力によつて制限を受ける法律状態におかれているものと言わねばならぬ。すなわち、連合国最高司令官は、降伏条項を実施するためには、日本国憲法にかかわりなく法律上全く自由に自ら適当と認める措置をとり、日本官庁の職員に対する指令を発してこれを遵守実施せしめることを得るのである。

かかる基本関係に基き前記勅令第五四二号、すなわち『政府ハポツダム宣言ノ受諾ニ伴ヒ聯合国最高司令官ノ為ス要求ニ係ル事項ヲ実施スル為、特ニ必要アル場合ニ於テハ命令ヲ以テ所要ノ定ヲ為シ及必要ナル罰則ヲ設クルコトヲ得』という緊急勅令が降伏文書調印後間もなき昭和二〇年九月二〇日に制定された。この勅令は前記基本関係に基き、連合国最高司令官の為す要求に係る事項を実施する必要上制定されたものであるから、日本国憲法にかかわりなく憲法外において法的効力を有するものと認めなければならない」(最判昭二八・四・八刑集七・四・七七五)。

この判例も認めているように、勅令五四二号は日本の憲法の枠内で合法化されるのではなくて、降伏にともなう占領という基本関係によつてのみ、すなわち超憲法的に合法化されるのである。換言すれば憲法を頂点とする法秩序と、これとは無関係に、ポツダム勅令(勅令五四二号)を頂点とする、占領法ともいうべき法秩序とがあつて、いわゆるポツダム政令の合法性は、このあとの占領法秩序によつて承認されるわけである。この論理は一見常識的にはわかり易いように見えるが、これを法論理的に構成することは極めてむつかしい。ポツダム政令の超憲法説、すなわち、日本憲法秩序と占領法秩序の二元論をとる田中二郎教授はこれを次のように説明する。

「降伏文書に明らかなように、『天皇及び日本国政府の国家統治の権能は、降伏条項を実施するため適当と認める措置をとる連合国最高司令官の制限の下に置かれている。』これは日本国憲法の上に位するいわば超憲法的権力を承認したことを意味する。連合国最高司令官は、この降伏文書に基いて超憲法的権力をもち、この権力に基いて、日本管理のため必要な一切の措置をとりうるのである。わが国は、『ポツダム宣言を実施するため連合国最高司令官又はその他特定の連合国代表者が要求することあるべき一切の命令を発し且つかかる一切の措置をとること』を約したのである(降伏文書六項)。連合国最高司令官の要求にかかる事項を実施するための法的措置は、もともと、超憲法的権力の発動の実施措置に外ならないのであるから、日本国憲法の定める法形式によつて拘束さるべき性質のものではない。……従つて、連合国最高司令官の要求を実施するために、仮りに憲法の下における法形式を採用したとしても、それは憲法の下における法形式を借用したに止まり、性質上には、純粋の国内法たる場合と区別されなければならない。いいかえれば、連合国最高司令官の要求にかかる事項を実施するための法的措置は、それが法律の形式をとつた場合であれ、ポツダム緊急勅令及びこれに基く命令の形式をとつた場合であれ、何れも、超憲法的権力の発動として、新憲法にまさる効力を有し、その限りにおいて、却つて、新憲法の効力を停止するに至るものと解すべきである。例えば、新憲法は、集会結社その他一切の表現の自由を保障し、勤労者の団結権・団体交渉権・団体行動権を保障しているが、仮りに、連合国最高司令官の要求によつて、これに対する何らかの制約を加えなければならぬことになつたとすれば、その要求を実現するためにとられる法形式が、法律であれ、いわゆるポ政であれ、それは、憲法の条規とは牴触する。併し、この場合、憲法の条規に牴触するが故に、その法律なりポ政なりが無効であるという解釈をすべきではなく、却つて超憲法的権力の発動として、連合国最高司令官の要求を実施するために必要な限りにおいて、憲法そのものの妥当性が制限されるに至るものと解しなければならぬ。これは、わが国が連合国の管理下にあるということの当然の結果である」（田中二郎「ポツダム緊急勅令をめぐる違憲論」公法研究一巻）。

つまり憲法内の法秩序と、超憲法的な権力から発し憲法に拘束されない占領法秩序との、二つの法体系を認めるわけである。そうすると、超憲法的な占領法秩序は法論理的にいかなる構造をもつものと考えたらよいのか。ポツダム緊急勅令やポツダム政令は、法形式的には、やはり日本の憲法の定める法形式である。しかしこれらの法規の妥当根拠を日本の憲法に求めるわけにはいかない。日本憲法に求めたら、憲法に牴触するものは無効である。そうするとそれは連合国最高司令官の権力に求めるか、もしくは連合国最高司令官の権力を認めた（すなわち占領を認めた）降伏文書なりポツダム宣言の受諾に求める外はない。前者であるとすれば、それはもはや外国の権力であり、外国の法秩序である。日本国民がこれに拘束される理由は見出しがたい。後者とすれば、日本国が連合国とむすんだ条約がその妥当性の根拠である。ところが条約が直接国民を拘束するという論理はにわかに肯定することはできない。そうすると結局、憲法九八条の条約尊重義務の規定にその根拠を求めるしか外に方法はない。田中教授もそのように考えられる如くである。

「日本国憲法は、日本国憲法の上に位する国際条約及び確立された国際法規の存在を承認しているものとみるべきで、国際法の優位に基く国内法の制約はむしろ当然でなければならぬとするのである。……私は、現行法秩序の構造を認識するに当つて、二つの法系統を認めるというのではなく、条約優位の立場に立ち、法の効力の優劣の問題として、最高司令官の指令の実施として行われるものについては、現在それをどのような法形式をとつているかを問わず、その優位を認めていこうとしているのである。それがわが実定法秩序の正しい理解であると信じている」(前掲)。

この二元論の立場に立つてはじめて、ポツダム政令はその内容が憲法に違反しても有効である、と主張することができる。判例は前記の超憲法的効力説をとつて以来、一様にこの考え方をとるようになつた。しかし、ここで注意しなければならないことは、この超憲法的効力説は、論理必然的に、法秩序二元論が解消される事態が生じたならば、すなわち、平和条約が発効して、占領状態が解消し、連合国最高司令官がなくなれば、占領法秩序は消滅し、ポツダム政令は効力を失う、という結論に至らなければならないことである。

三　そこで問題は、平和条約が発効し、占領状態が解消した後において、ポツダム政令の効力はどうなるか、という問題である。

理論的にいえば、ポツダム政令の根拠となる昭和二〇年勅令五四二号（いわゆるポツダム緊急勅令）は、占領状態が解消し連合国最高司令官の日本統治の権力がなくなると同時に、その内容自体が不可能なことを定めるものであるから、当然に失効することになり、したがつてこの緊急勅令に基づくポツダム政令も当然に失効することになるわけである。さきほどの二元論の論理からいえば、占領法秩序は消滅して、日本国憲法を頂点とする法秩序一本となるわけである。しかし現実の問題としては、日本の国内法秩序は占領法秩序とそれをバックアップする占領軍の権力によつて相当程度保持されていた関係上、占領状態が解消しても、直ちに日本国の完全な主権の下に統治秩序をきりかえることが困難であつたのであろうか、政府はこの占領と独立の過渡期を立法的に解決しようとした。すなわち、昭和二七年法律八一号は、ポツダム政令に法律と同一の効力を与え、その効力を一八〇日間延長するとともに、昭和二七年法律一三七号によつて、政令三二五号を廃止したが、罰則の適用については「なお従前の例による」として、裁判上の効力を延長した。つまり原則的に、占領法体系をそのまま日本国憲法体系にきりかえると同時に、直接占領行政と密着していた政令三二五号の如きものは失効させたが、罰則の適用についてはその効力をなお存続させる措置をとつたのである。

占領法規を憲法体系にきりかえる措置は、その政治的是非の判断は別として、一応法律的には合法的な措置であつた。但し、その措置によつてすべての占領法規が自動的に憲法体系の中に組入れられるのではなくて、憲法の規定にてらして、違憲の内容をもたないものだけが合法的に憲法体系の中に効力を与えられるのである。理論的には占領法規の一つ一つが憲法のテストに合格しなければならないのである。政令の形式ではなかつたが、法律の形式をとつていたもので、しかしやはり占領軍の指令によつて立法化されたが故に、占領法規の一種とみられる法律が、この憲法テストに合格して、憲法体系内の合法的な法律として、その効力を確認された事例がある。

これに反して政令三二五号は、平和条約と同時に失効せしめられたが、その裁判上の効力を延長しようとしたので、幾多の問題をおこした。政令三二五号は、占領軍の指令の趣旨に反する行為を禁止し、それを構成要件として刑罰を科するものであるから、占領軍がなくなるとその定める内容は当然無意味なものとなるし、また他方憲法テストにも合格しないおそれが十分あるから、それが平和条約と同時に効力を失うことは当然である。したがつて法律一三七号がこの政令を「廃止」したのは、法律が政令の失効を形成したのではなくて、失効を確認したものと考えるべきであろう。しかし法律一三七号は「罰則の適用については、なお従前の例による」として、裁判上の効力を延長しようとした。ここに問題がある。

独立後しばらく、高等裁判所の判例はこの法律の規定に忠実に、平和条約発効後も政令三二五号の罰則の適用をしていた。その主な判例は、

【16】「……(前略)……勅令第五百四十二号が日本国憲法の下においても合憲有効であることはすでに最高裁判所の判決(昭和二十三年六月二十三日大法廷)の示すとおりであり、また降伏条項の誠実な実施は降伏文書に基く法律上の義務の履行であるから右勅令の委任によつて制定された勅令第三百十一号(政令第三百二十五号)もまた合憲有効な委任命令であることは勿論であるところ右勅令第三百十一号(政令第三百二十五号)はわが国が『ポツダム』宣言の受諾及び降伏文書の調印に基き連合国最高司令官の占領管理の下におかれていた一時的異常な事態に対処するための法規であつて、かかる異常な占領管理状態が終熄して独立国たる常態に復したときは早晩廃止されるべき運命にあつたことは右勅令第三百十一号(政令第三百二十五号)

の法文自体に徴しても極めて明白であつて平和条約の発効とともに廃止されるべきことはその立法当初から予想されておつたところであるから昭和二十五年十月十一日最高裁判所大法廷が昭和二十三年(れ)第八〇〇号物価統制令違反被告事件について言い渡した判決に謂うところの限時法的性格を具有する法規であるといわなければならない。そして違反者を免訴すべきものとするならば裁判の確定は相当の日子を要するのが恒であるから裁判は法規の改廃に追随するを得ない結果として違反行為取締りの徹底を期するを得ないのみならず、違反者は法規の改廃を予測して遵法を怠り、裁判の遷延によつて不当に科刑を免れようとする傾向を生じ、また裁判の先後によつて同種同質の罪が或は免訴されるという不公平な結果を惹起することは、まさに前記判決の説示するとおりであり、従つてかかる限時的性格を具有する勅令第三百十一号（政令第三百二十五号）の違反者に対しては裁判時において廃止された場合においても罰則の適用についてはなお従前の例によるのは当然であつて昭和二十七年法律第百三十七号第二条第五号において政令第三百二十五号を廃止し同法第三条第一項において『この法律の施行前にした行為に対する罰則の適用についてはなお従前の例による』と規定しているのは叙上の趣旨を明らかにするための宣言的規定であると解すべく、また所論の如く現在においては連合国最高司令官或は連合国占領軍が存在せず従つてまたそれらの指令が存在しなくなつたとしても、元来勅令第三百十一号（政令第三百二十五号）は連合国最高司令官の要求の中には国内法制化されていないものがあることを前提としかかるものについてその違反があつた場合には日本裁判所において裁判することはできない筋合であり、かようなことは連合国の占領管理方式の原則である間接管理の原則にそわないのみならず、要求の実効を期する所以でもないから特にこれを制定したものであつて、すなわち右勅令に『連合国最高司令官の日本帝国政府に対する指令の趣旨に反する行為』という立言のなされているのは、連合国最高司令官の日本国政府に対する指令や要求はそれ自体は日本国民に対するものでなくとも、それが日本国政府に通達せられると同時に国内法たる右勅令第二条第四条の刑罰法令の内容となりそれによつて日本国民を拘束するに至るものと解すべきであり、再言すれば勅令第三百十一号によりこの種の指令、覚書は国内法的性格が与えられたものとみるべきであるから、すでに国法として有効に成立した勅令第三百十一号の未だ有効であつた当時における右勅令の違反者に対しては、仮令現在においては前記覚書の権威的根拠が消滅したからとて、これを以て刑の廃止があつたものとは認められないし、且つわが国のおかれている現在の国際的地位並びに国内的諸状勢を洞察すれば、前記覚書第三項違反の行為に対する可罰性の評価にはなんら変更がないものといわざるを得ない」（東京高判昭二七・七・一五刑集五・八・一三四二）。

つまりこの判決の論旨は、政令三二五号が限時法的性格をもつものであることと、たとえこの政令の制定当時は内容が不確定であつたにしても、既に占領軍の指令が確定した以上は、政令の内容も確定し、国内法として有効に確定したのであるから、刑の廃止があつたと認められない以上、この政令の罰則は適用さるべきものだというのである。この判決は全然、前記の憲法テストには触れていないことに注目すべきである。

同じ政令三二五号に関して独立後はじめてなされた最高裁判所の判決は、この政令に関するかぎり法律八一号も、法律一三七号も憲法違反であつて無効である、と判示した。

【17】　「この政令三二五号の罰則は、その犯罪行為の実質的内容を政令自体において直接的・自給自足的に特定することなく、いわば抽象的な形式的内容に過ぎない『連合国最高司令官の日本国政府に対する指令の趣旨に反する行為』という表現をもつて、ただ間接的・依存的に犯罪行為の実質的内容を特定し得べからしめたものに過ぎない。言いかえれば、まず連合国最高司令官の指令の存在とその内容を探求することによつてのみ、間接的に政令三二五号の犯罪構成要件の具体的な実質的内容は、初めて特定せられ明らかならし

められるものである。そして、この罰則は、単に連合国最高司令官の発した指令の趣旨に違反する行為を処罰することとしているのであつて、その指令がいかなる事項に関するものであるか、またその指令がいかなる内容のものであるか、等については、何等の制限をしていない極めて広範なものである。すなわち、網羅的にすべての指令違反が処罰の対象とされているわけである。この連合国最高司令官の指令が誠実に遵守せらるべきことは、すでに冒頭において述べたとおり降伏文書及び一般命令においても特に明定されているところであり、占領という特殊な状態において、最高司令官がその意思を実現し、その権威を発揚し、もつて占領目的を達成するがためには、最も必要な前提要件であり、また最も大切な基盤であると言わねばならぬことは多言を要しないところである。それ故に、この要件を充実し、この基盤を完成するためにこそ、そしてそのためにのみ政令三二五号及びその前身である昭和二一年勅令三一一号は定められたと見るべきである。かくて、この罰則は、その本質において全く最高司令官の占領目的達成のための手段たるに過ぎないものであるから、占領状態の継続ないし最高司令官の存続を前提としてのみ、その存在の価値と意義を有するに過ぎないものと言うべきである。別の言葉でいえば、この罰則は、その本質上占領状態の終了従つて最高司令官そのものの解消と共に、当然その効力を失うべきものであると言わなければならない。

さて、昭和二七年四月二八日『日本国の平和条約』は、その効力を発生し、日本国と平和条約を締結批准した各連合国との間の戦争状態は終了し、平和は克復せられ、連合国の占領は撤廃せられ、『日本国及びその領水に対する日本国民の完全な主権』は承認せられ、もつてわが国は独立国家の地位を恢復したのである。かくて、平和条約発効後においては、『占領』がないのであるから、『占領目的に有害な行為』が発生存在する余地がないのは当然である。また、『連合国最高司令官』は解消したのであるから、『連合国最高司令官の指令』が発生存在する余地もなく、したがつて『連合国最高司令官の指令違反行為』が発生存在する余地がないのも当然自明の理である。それ故、指令違反を処罰する政令三二五号は、前にも述べたとおり平和条約発効後においては、その効力を保持する余地がなく、当然失効したものと言わなければならない。

ただ、昭和二七年法律八一号『ポツダム宣言の受諾に伴い発する命令に関する件の廃止に関する法律』(平和条約発効の日である昭和二七年四月二八日施行)は、昭和二〇年勅令五四二号を廃止すると共に、『勅令五四二号に基く命令は、別に法律で廃止又は存続に関する措置がなされない場合においては、この法律施行の日から起算して百八十日間に限り、法律としての効力を有する』と規定している。ついで、昭和二七年法律一三七号『ポツダム宣言の受諾に伴い発する命令に関する件に基く法務府関係諸命令の措置に関する法律』(昭和二七年五月七日施行)は、政令三二五号を廃止すると共に、『この法律の施行前にした行為に対する罰則の適用については、なお従前の例による』旨を規定した。一般にポツダム命令は、前記法律八一号により平和条約発効と同時に原則として『法律としての効力を有する』と定められたのであるから、いやしくもその内容が憲法の規定に違反していない限り、平和条約発効後においても効力を持続すると見るべきであるが、政令三二五号の罰則は、他の一般ポツダム命令のごとくその命令自体において犯罪行為の実質的内容を具体的に特定したものではなく、前に詳しく述べたように単に最高司令官の指令違反を犯罪とし処罰するのであるから、その本質上平和条約の発効と同時に当然失効するのである。平和条約発効と同時に政令三二五号に法律としての効力を与え——従来現存する指令の内容そのものに法律としての効力を与えたのでなく——単に指令違反を犯罪とし処罰することを定めるのは、法律の内容として現実に不可能なことを定めるものであつて結局憲法に違反するわけである。したがつて、前記法律八一号の制定されたことは、平和条約発効と同時に政令三二五号が当然失効することを妨げるものではない。(もし前記法律八一号の立法が、従来現存する各指令の内容そのものに対して法律としての効力を与えたものならば、各指令の内容について一々憲法適否の審査をする必要があるが、同立法は他の一般ポツダム命令に対すると同様に政令三二五号に対しても、ただ単にその政令の内容すなわち指令違反行為そのものの処罰に法律としての効力を与えたに過ぎないものであつて、各指令の内容そのものに対して法律としての効力を与えたものではないから、一々指令自体の内容について憲法適否を審査することを要しないし、また当該指令の内容の憲法適否にかかわりなく、前に述べたとおり指令違反を処罰せんとする限りにおいて前記法律八一号は違憲無効である。）

かように、政令三二五号は、昭和二七年四月二八日平和条約発効と同時に失効したものであるから、右失効後昭和二七年五月七日に施行された前記法律一三七号が、右失効前になされた行為に対しても罰則の適用につき従前の例によると定めたものとすれば、すでにひとたび失効して効力のなくなつた政令三二五号の罰則をさらに復活させて、事後において過去の行為に遡及適用せしめようとするいわゆる事後立法ということになり、憲法三九条の趣旨に違反し無効であると言わなければならない。……下略……」（最判昭二八・七・二二刑集七・七・一五六二）。

すなわち、この判決理由の論点はきわめて簡単で、この政令は占領軍の占領目的のための手段にすぎないから、占領終了とともにその存在意義がなくなつたものであり、法的には効力を存続する余地のない不可能なことを定めることになるから、平和条約発効（昭二七・四・二八）と同時に失効し、この効力を延長せんとする法律八一号は違憲無効であり、法律一三七号（昭二七・五・七施行）は一旦効力を失つたものに再び効力を復活させせんとする事後立法であるから、違憲無効だというのである。しかしこのような理論だけでは、後にのべる反対・少数説の限時法の理論に対抗するにすこし力が弱いであろう。

この多数説のいわば一種の形式論に対して、結論においてこの政令を違憲無効とする点では一致していても、その理由において、むしろ実質的な憲法テストをしているのが、井上、栗山、河村、小林裁判官らの少数補足意見である。

裁判官井上登、栗山茂、河村又介、小林俊三の意見

昭和二五年政令第三二五号は、昭和二〇年勅令第五四二号に基き制定されたいわゆるポツダム命令であつて、連合国最高司令官の指令の趣旨に違反する行為等を処罰することを規定するものであるが、右勅令第五四二号が憲法外において法的効力を有していたことは当裁判所の判例（昭和二四年（れ）第六八五号同二八年四月八日言渡大法廷判決）の示すとおりであるから、従つてまた右政令第三二五号も、たといその内容をなす指令に憲法違反の部分を含んでいても、占領期間中は憲法にかかわらず全面的に有効であつたことを認めなければならない。しかしながら占領終了によつて日本が独立を回復し、憲法がその効力を完全に発揮するに至つた後においては、憲法違反の法規の存在を容認することはできないから、これを有効な国法として存続させることができるかどうかはこの観点から厳正な検討をしなければならない。

思うに占領が終了し、連合国最高司令官の地位がなくなり、従つてその指令も指令に対する服従義務もなくなつたからといつて、平和条約発効後は、右政令第三二五号が当然全面的にわが国法として存続する内容も効力ももち得ないということはできない。すなわち右政令第三二五号の内容となつている指令といつても、単に連合国又は占領軍の利益のためにのみ発せられたものばかりではなく、わが国の秩序を維持し公共の福祉を増進するために発せられたものも存在する。このような内容をもつ指令は、連合国最高司令官から発せられたというだけの理由で、これを内容とする政令第三二五号がわが国の有効な国法となり得ないとはいえない。従つて指令の内容において合憲なるものは平和条約発効後においても、その指令のかぎりにおいてわが国は右政令第三二五号をわが国法として存続させることはその自由とするところである。そこで昭和二七年法律第八一号は、昭和二〇年勅令第五四二号に基く命令は、別に法律で廃止又は存続に関する措置がなされない場合においては、平和条約効力発生の日から一八〇日間に限り、法律として効力を有する旨を規定したのであるから、この中に含まれる政令第三二五号もその内容とする指令が合憲なるかぎり、右法律により有効なわが国法として

存続することになつたのである。

また右政令第三二五号の定める罰則は、禁令の具体的内容を右政令自体に定めているのではなく、時に応じて行われる最高司令官の指令等をその基本とするのであるから、かかる不確定が存続するかぎりこれを国法とすることは多くの疑義が存するところであるが、すでに平和条約発効と同時に既存の指令等はそのまま確定し、右政令が当時仮りに白地法規の性質をもつていたとしても、その空白はすでに充足せられたのであるから、指令等が合憲なるかぎりこれをわが国法として存続せしめることを妨げる理由とならない。

そこで本件被告人が違反したと認められた前記指令の内容が合憲であるかどうかを考えて見るに、憲法二一条は基本的人権として言論の自由を保障し、殊にその二項は明らかに検閲を禁止している。検閲とは公表されようとする言論に対して、官憲がこれを事前に審査しその容認するもののみの公表を許すことである。しかるに前記指令は、アカハタ及びその同類紙又は後継紙について、これを掲載されようとする記事が国家の秩序を紊り又は社会の福祉を害するというような理由の有る無しを問わず、予じめ全面的にその発行を禁止するものであり、通常の検閲制度にもまさつて言論の自由を奪うのであるから、憲法二一条に違反するものであることは明らかであつて、右政令第三二五号もまたこの指令に対する違反を罰するかぎりにおいて憲法に違反するといわなければならない。従つて占領中は政令第三二五号により右指令の趣旨に違反した行為として処罰されなければならなかつたとしても、占領終了し日本国憲法が完全にその効力を発揮することになつた後においては、裁判所は憲法違反の法規の効力を容認することはできないから、右政令第三二五号は前記指令を適用するかぎりにおいて、わが国のこれに関する立法の如何にかかわらず（すなわち法律八一号によつても）平和条約発効と同時にその効力を存続せしめることができないものと断じなければならない。

この意見は、占領がなくなつたからといつて直ちにポツダム政令が失効するという一種の形式論に反対して、政令の内容が憲法テストに合格するかどうかを問題とし、結局憲法違反であるから無効だとしているのである。占領法規を憲法体系の枠外にある占領法体系に属するものとして把握する前記の判例ならびに田中教授の二元論によれば、占領状態が消滅すると当然に、この二元論は解消し、占領法体系は消滅して、本来の日本の主権のもとにある憲法体系が完全な姿であらわれるのであるから、いやしくも最高司令官の指令や要求によつて制定されたあらゆる形式の法規は効力を失うべきはずである。しかし現実の問題として、一朝にして国内法秩序が一変することを避ける趣旨からして、過渡的に占領法規を憲法体系の中に組入れる法的措置(法律八一号)がとられた以上、この法律八一号を無視して二元論をしやにむに主張することはできない。憲法体系にくみ入れる以上は、個々の占領法規について具体的に、それが憲法体系の中に存続する資格をもつかどうか、すなわち、その法規の内容が憲法の規定に違反しないかどうかを検討しなければならない。その点についてはこの少数意見は正しい志向をもつと言うことができる。その際、少数意見は、政令三二五号自体のもつ目的とその立法形式をあまり問題にせず、政令の目的については、それは単に占領軍の利益だけを目的にしておらず、同時に日本の秩序を維持し、公共の福祉を増進することをも目的としている、と断じているが、それは疑問であると同時に、他方その立法形式についても、政令自体は極めて概括的に犯罪の構成要件を定め、その内容はその時々の最高司令官の意思によつて特定されることになつてはいるけれども、占領が終つて最高司令官の指令権がなくなつた以上は、その政令の内容はもはや特定されたのであつて、犯罪の構成要件があいまいで不特定であるという非難はあたらない、としているのにも疑問がある。

この少数意見は、政令三二五号自体は犯罪の構成要件を特定しない白地規定ではあるが、既に占領状態が終結した後には、最高司令官の指令も特定したから、白地規定の空白は埋められ、政令の内容自体が特定したことになるから、政令自体の規定形式の問題は別に違憲ではないとしている。しかしわが国法秩序の二元論が解消した以上は、すべての占領法規はあらためてわが憲法の光にてらして見なければ、憲法秩序の中に組入れられないことは当然であり、その際占領法規の内容はもとより、その規定の仕方もまた検討されなければならない。すなわち論理的にいえば、既存の占領法規の組入れは、ここで新たに憲法秩序内に新法規をつくるのと同様である。新法規をつくる場合、人々は、法令自体は白地規定として、その内容は権力者のその時々の都合によつて充足するという形式の法令を、合憲法的なものとして承認するであろうか。それは明らかに法治主義原則の違反である。そうするとここでも、政令三二五号が最高司令官の指令違反という内容不確定な構成要件に特定の刑罰をむすびつけているという形式自体、憲法三一条の規定に反することが問題とされなければならない。

仮にその点を問題とせず、占領終了後は政令三二五号の内容は固定し、確定したと認めた場合、それが憲法の表現の自由を保障する規定と一致しないことは、少数意見の言うとおりであり、この意見は正しいと考えられる。

以上の政令三二五号無効説に対して、田中、霜山、斎藤、本村裁判官らは次のような反対意見を述べている。

裁判官田中耕太郎、霜山精一、斎藤悠輔、本村善太郎の少数意見

……前略……しかし、刑訴四一一条五号にいわゆる「判決があつた後に刑の廃止があつたこと」とあるの

は、刑訴三三七条二号にいわゆる「犯罪後の法令により刑が廃止されたとき」と同義であつて、犯罪後の法令により、積極的に明示又は少くとも黙示をもつて既に発生、成立した刑罰権を特に放棄したとき、すなわち、特にこれを廃止する国家意思の発現あつたときを指すものである。なぜなら、罪刑法定主義を採用した法治国においては、犯罪者が行為時法によつて処罰されるのは当然の約束であつて、行為時法によつて既に発生、成立した刑罰法規の効果である刑罰は、その後における大赦又は法令に因つて特に消滅又は廃止されない限り、存続するのは当り前であるからである。刑の廃止は、行為時法によつて発生、成立した刑罰権の放棄であるから、行為時法により刑罰権が一旦有効に発生、成立した以上、行為の後その刑罰権を発生、成立せしめた原因となつた法規が単に将来に向つて廃止され又は消滅したからといつて、既に発生、成立して終つた既成の法律効果を同時に放棄、廃止する国家意思の表現がない限り、法律効果そのものが当然消滅する道理がない。ただ犯罪行為の後これを成立せしめた或る法規が廃止され又は消滅した場合に、その廃止又は消滅の理由が同時に立法者において既に発生、成立した刑罰権をも暗黙に放棄したと認むべき場合があるに過ぎないのである。特に犯罪後の立法によつて或る刑罰法規を廃止した場合に、その廃止の理由が立法者の側における法的観念、刑法的価値判断に変更を生じ、従前認められていた刑罰法上の可罰性を認むべきでないとするような理由であるときは、その廃止と同時に既成の刑罰権をも暗黙に放棄したと推定するに過ぎないのである。これに反し、いわゆる限時法の場合、特にその立法と同時に予め法規失効後も失効前の違反行為に対し罰則を適用する旨の明文を設けた場合（昭和六年法律四〇号重要産業ノ統制ニ関スル法律附則参照）のように、法規の廃止又は消滅が、立法者の法的観念又は刑法的価値判断の変更によるものでなく、単に事情の変更乃至時間の経過に因るに過ぎないときは、法規の廃止又は消滅後も寧ろ立法者が既成の法律効果を放棄しない国家意思であると見るべきである。そして、本件政令三二五号占領目的阻害行為処罰令はその名の示すとおり初めから占領中のみに限り有効に存在し、占領の終了と同時にその効力を失うべき性格の政令であること論を俟たないから、いわゆる限時法に属するものと解すべきこと多言を要しない。

されば、本件政令の基本法である昭和二〇年勅令五四二号並びにこれに基く本件政令三二五号が原判決があつた後（昭和二七年四月二八日言渡）、同日午後一〇時三〇分連合国と日本国との平和条約発効と同時に失効したとしても、既成の同政令二条一項の刑罰を廃止したと認むべき法令に因る明示又は、黙示の国家意思は認められないし、また、同処罰令の前示の如き限時法たる性格上刑罰を廃止したものと見ることもできない。しかのみならず、昭和二七年法律八一号、同法律一三七号の一連の法律は（同法律八一号が新たな国内法律として有効であるか否かは別として）、却つてその刑罰を特に廃止しない旨の明確な国家意思を表明しているのであるから、所論刑の廃止の主張は、いずれの点から見ても採用できない。

なお、前述のごとく、刑の廃止は、行為時法によつて有効に発生成立した刑罰権の放棄であるから、一旦有効に成立した刑罰権を特に放棄しない趣旨の立法は、畢竟刑訴三三七条二号若しくは四一一条五号のごとき訴訟法又は刑法六条のごとき例外規定が適用のないことを明確にした立法に外ならないのであつて、一旦失効した刑罰法規そのものを失効後再び有効な法律としてこれを復活させるものでない。それ故、憲法三九条の事後立法又は二重処罰とは何の関係もない全く自由な立法政策上の問題であること多言を要しない。されば、前記法律一三七号就中同八一号を目して法律の内容として不可能なことを定めるもので違憲であるとの説又はすでに失効した罰則を復活させて事後において過去の行為に遡及適用せしめるものであるという説のごときは、法規そのものの将来に対する廃止又は失効とその廃止又は失効前に法規適用の結果発生した法律効果とを混同するものといわなければならない。また、既に平和条約発効前たる昭和二六年一月中有効に発生、成立した本件政令二条一項の犯罪の前提となる指令の内容が平和条約発効後において憲法二一条に違反するとの説は、裁判時において行為時法そのものが必ず存続していなければならないということを前提とするものであるが、限時法の場合に行為時法を適用するのは、一旦失効した刑罰法規そのものを失効後再び有効な法規としてこれを復活存続せしめることでないことは、前に説明したとおりであるから、その前提において既に失当である。仮りに該指令の内容が憲法二一条に違反していると仮定しても（後述のごとく、本件指令は、アカハタ及びその後継紙等が、日本の政党の合法的な機関紙ではなく、国外の破壊勢力の道具であるという事実を証明しているということに立脚しているのであるから、立法問題としては、要するに思想乃至表現の自由の問題ではなく、むしろ、一種の暴力である国外からの破壊活動そのものを内容としており、従つて、国民の基本的権利に関する憲法一九条、二一条等違反の問題を生ずる余地のないこと明白である。されば、これを憲法二一条違反であるとの説は、前示指令の内容に全然副わない平穏無事な事実関係を想定しこれを前提とするもので、賛同できない。）それは、昭和二七年法律八一号が有効な法律とは認められないこと、従つて、同法律によつて新らたに処罰できないことを説明し得ても、既に右法律前発生、成立した本件政令違反に対する刑罰が放棄、廃止されたことの説明とはなり得ないことというまでもない。――下略――

つまり反対意見は、限時法の理論を用いて、前審判決を支持しているのである。この立場からすると、法律八一号の合法性の問題は論ずる必要もないし、法律一三七号は当然の事理を確認したものにすぎないこととなる。たとえ政令三二五号を（法律八一号によつて）憲法体系に組入れることが許されないとしても、占領中の政令三二五号が有効であつた当時に行われた政令違反の行為は、たとえ後にその政令が失効しても、行為時において有効であつた政令を適用すべきだ、というのである。限時法の理論をこの場合に適用することは疑問なきを得ない。反対意見は、法令廃止の時に、刑罰権を特に放棄する旨の、明示または黙示の国家意思の表示がない限り、行為時の法令を適用すべきだというのであり、本件の場合かかる積極的な放棄の意思表示がないばかりか、むしろ法律一三七号により積極的に行為時の法令を適用すると定められたのであるというのであるが、この理論は平常時の一法律秩序の中では主張し得ても、この場合の如き、従前の法体系の二元論が解消して、新たに独立国家の一元的法秩序が現出するような、異常な事態にはそのまま適用し得るのかどうか疑問である。しかも占領法体系は日本国家の自主的な法体系ではなく、実力によつて強制された、いわば外国の法体系である。日本国の意思に基づかない占領法体系の中において生じた法的効果を、主権を回復した日本の法体系の中でなお維持しなければならない理由は見出しがたい。いわんや、占領法規が自主的な憲法秩序の中へ取入れることのできない時（憲法違反のために）にはなお更である。限時法の理論は、法秩序の同一性と連続性が存在する、平常の場合に通用する理論であつて、かような法秩序の変革・断層のある、異常な事態には通用しないであろう（なお限時法の理論については、本叢書中の限時法の部門を参照されたい）。

四　政令三二五号については最高裁はこれを無効と判決したが、その他のポツダム政令については、必ずしもそうではない。例えば昭和二二年勅令九号については、最高裁はくりかえしその有効性を判示している。昭和二二年勅令九号というのは、やはり昭和二〇年勅令五四二号（ポツダム緊急勅令）にもとづくポツダム勅令であつて、これは一九四六年一月二一日付、最高司令官の覚書、公娼制度の廃止の要求にもとづいて制定されたものである。その勅令の内容は、婦女子に売淫させた者ならびに、売淫契約をさせた者に刑罰を科することを定めている。この勅令は前記の法律八一号によつて、一八〇日間の効力延長を定められ、法律一三七号によつて、期間の限定なしに永久法律として効力を与えられた。しかし前述の占領法体系、憲法体系二元論からすれば、平和条約発効後は消滅すべき性質のものであるから、弁護人はこの勅令の失効を主張した。これに対して最高裁はその主張をしりぞけ、有効と判示した。

【18】「しかし本件勅令九号は昭和二七年四月一一日法律八一号ポツダム宣言の受諾に伴い発する命令に関する件の廃止に関する法律により一応一八〇日の存続効を認め、同年五月七日法律・三七号ポツダム宣言の受諾に伴い発する命令に関する件に基く法務府関係諸命令の措置に関する法律一条により法律としての効力を有するものとされたのである。そして同勅令の基本たる昭和二〇年勅令五四二号は平和条約発効とともに廃止せられたけれども本件勅令九号は平和条約発効後においても前記法律により法律として存続しているのであつて失効していないのである。……以下略……」（最判昭二八・八・七第二小法廷刑集七・八・一七〇五。同旨、最判昭三二・一・三一第一小法廷刑集一一・一・三五九）。

この判決理由はきわめて形式的な点だけを問題にしている。理論的にいつても、また前記政令三二五号事件の少数補足意見によつても、ポツダム政令は、これを憲法体系の中において合法であるとするためには、それが憲法の規定に矛盾しないかどうかの憲法テストを経なければならないことは前述したとおりである。判決理由が全然これを等閑に付しているのは正当ではなかろう。

法律と条例

久世公堯

はしがき

新地方自治制度が、日本国憲法の下に発足してからすでに十年余りを経過した。新地方自治制は、あらゆる面において従来の地方自治制に対し抜本的な改革を行つたが、その中の最も重要なものの一つが自主立法権――条例制定権――の問題である。条例制定権は、憲法及びこれに基づく地方自治法によつて、地方公共団体の事務のあらゆる分野に対して認められ、しかも、高度の罰則によつてその実効性が保障せられているために、それは住民の権利・自由に対しては法令と何等異らない極めて重要な意義を有しているのである。

条例は、本質的にはこのように大なる意義を有しているのであるが、全国都道府県市町村あわせて三千五百七十余にもわたる地方公共団体の個々の法規であるために、公安条例や売春取締条例等一部のものを除いては、法令に比べれば、法律上、社会上の問題となつているものは少なく、それだけに判例もさして多くはあらわれていない。

本稿は、従つてこの限られた判例を素材として、条例の意義、条例制定権の範囲（憲法・法令と条例との関係）、条例の効力、条例と罰則、条例と行政訴訟等の問題を中心に、その法律的性格の解明につとめた。判例が、当該事項について全くあらわれていないか又は不足である場合には、法制意見によつてこれを補い、場合によつては、学説によることも少くなかつた。また、当該判例に関して、単にその法形式が条例であるに過ぎず、論点が条例自体にかかる法律問題でない場合は、原則として、これを除外することとした。

地方自治にかかるすべての問題が、現在、一応の反省期にあるのであるが、条例もまたその例外でないばかりか、その最たるものの一といいうるのである。住民の権利・自由を直接的に規制する地方公共団体の自主法たる条例は、あらゆる角度から再検討されるべきであろうが、特に、一応確定化された解釈としてあらわれた判例を中心にその性格を論ずることもその意義少からざるものがあろう。

一　条例の意義

一　憲法における地方自治の強化と自治立法権

（一）　憲法における地方自治の保障　　日本国憲法は、その第八章を「地方自治」と題し、四箇条の規定を設け、地方自治を憲法上保障すると共に、地方自治のあり方を示した。すなわち、第一に、「地方公共団体の組織及び運営に関する事項は、地方自治の本旨に基いて、法律でこれを定める」ことを要するとし（憲法九二条）、地方自治の本旨に基く地方自治の尊重とその基本原則を冒頭に謳い、第二に、「地方公共団体には、法律の定めるところにより、その議事機関として議会を設置する」こと、及び、「地方公共団体の長、その議会の議員及び法律の定めるその他の吏員は、その地方公共団体の住民が、直接これを選挙する」ことを要するとし（憲法九三条）、議事機関及び執行機関双方の選任を直接公選の方法によらしめ、地方公共団体の機関の民主化を図らんとし、第三に、「地方公共団体は、その財産を管理し、事務を処理し、及び行政を執行する権能を有し、法律の範囲内で条例を制定することができる」とし（憲法九四条）、地方公共団体が、これに属する行政事務について、広範な権能（自治権）をもつべきことを明示し、第四に、「一の地方公共団体のみに適用される特別法は、法律の定めるところにより、その地方公共団体の住民の投票においてその過半数の同意を得なければ、国会は、これを制定することができない」とし（憲法九五条）、一つの地方公共団体のみに適用される特別法の制定に対する平等権尊重の見地からの制約を掲げている。

このように日本国憲法が新しく「地方自治」と題する一章を設けたのは、その基調たる政治の民主化の地盤としての地方自治を保障し、かつ、地方自治のあり方を明示するために外ならない。すなわち、政治の民主化を実現するためには、中央における政治の機構と運営とを改革するだけでは十分ではなく、政治の民主化の基盤として、また、その基盤を培う意味において、地方政治の機構と運営とに根本的な改革を加えなくてはならないのである。換言すれば、憲法が、一方において「地方自治の本旨」を掲げて地方自治のあり方を示し、地方公共団体は地方自治の基本権ともいうべき権利を有することを規定したのは、いわば「団体自治」の意味における地方自治を憲法上に保障しようとするものであり、また、他方において、議事機関としての地方議会の議員及び執行機関としての地方公共団体の長の住民による直接公選を規定したのは、いわゆる「住民自治」の意味における地方自治の民主化を憲法上に保障しようとするものである。しかして、これらの規定の背後には、地方公共団体の固有の自治権——奪うことのできない固有平等の地方自治権——の思想が窺知されるのである（法学協会・註解憲法一三六一―二頁）。

日本国憲法に示された地方自治の保障は、地方自治法の制定によつて一段と強化されることとなつた。地方自治法は、憲法の趣旨に則り、その規定を具体化して地方自治権を強化し、地方行政民主化の実現を図つたものであり、制定以来数度の改正によつて、地方自治の保障は、より徹底されるに至つた。更に、地方自治法のみならず地方自治関係の法令が整備され、また、その他の諸法令にも憲法における地方自治尊重の思想が反映するに至つて地方自治は愈々強化され、かつ拡大されることとなつたのである。

（二）　地方自治権——自治立法権・自治行政権・自治組織権——　日本国憲法の下に、地方自治は保障され、地方公共団体の処理すべき事務の範囲は著しく拡大されたのであるが、かかる広範な事務を行うためには、それに必要な権能をもたなければならない。地方自治の拡大は、かくして当然に地方自治権の強化を伴うのである。

旧憲法下においては、普通地方行政官庁としての府県知事があり、これが国の事務を管理執行していたために、地方公共団体としての府県や市町村は、権力団体というよりは、むしろ経済団体又は事業団体ともいうべきものであり、命令強制の権能を有せず、ただ法律の認める範囲内で、その事業の経営又は施設の設置管理を行う等非権力的な管理作用を主とし、限られた範囲の条例・規則の制定権及び課税権その他の財政権を有するに止まつていた。これに対し、日本国憲法の下においては、地方公共団体は、広範な事務をもつ権力団体又は統治団体となり、その権能も質的転換をみることとなつた。憲法が、特に地方公共団体に「行政を執行する権能」を認め、条例制定権を保障したのは、そのあらわれというべく、地方公共団体は、ここに面目を一変して行政執行権、自治立法権等の自治権を自己の本来の権能としてもつ強力な団体となつたのである。

地方公共団体の自治権の本質については、旧くから相対立する見解があり（固有説と伝来説）、議論がたたかわされているが（渡辺宗太郎・地方自治の本質、宮沢俊義・固有事務と委任事務の理論、柳瀬良幹・地方団体に対する国の権力等参照）、この論議についてはしばらく措くこととする。日本国憲法の下における地方自治権の内容としては、一般に自治立法権、自治組織権、自治行政権があるとされている。すなわち、これを詳説するならば、自治立法権とは、地方公共団体が法規として効力を有する定め（自主法）を設ける権能をいい、具体的には、条例・規則の制定権を指し（憲法九四条）、自治組織権とは、地方公共団体が地方自治の本旨に基いて自らの組織を定める権能をいい（憲法九二条）、法律で大綱が定められると共に、組織の細部については条例又は規則の形式で定められる。自治行政権は、地方公共団体がその財産・営造物の管理、各種事業の実施等のほか警察・統制・公用負担等権力行政を行う権能をいう（憲法九四条）。自治行政権の一部として自治財政権ということがいわれるが、これは、地方税その他自らの財源と財政の運営によつてその事務を管理し行政を執行する権能をいう。

(三)　自治立法権——条例・規則の制定権——　自治立法権とは、さきにも述べたごとく、地方公共団体がその自治権に基いて自主法を定立する権能をいう。それは地方公共団体の有する権能の一つであり、国の立法権に対するものである。この権能は、日本国憲法の下において新たに生れたものではなく、すでに旧憲法の下においても、ごく限られた事務について認められていた。しかしながら、旧憲法下におけるそれは、その規定すべき事項も狭く、また、原則として、これに罰則を付することは許されず、まして刑罰を規定するがごときは思いも及ばなかつた。これに対して、日本国憲法の下における自治立法権は、地方公共団体の処理すべき事務の拡大と相俟つて、極めて広範なものとなり、その実効性の保障が罰則によつて裏付けられているのである（昭和二二年の地方自治法の一部改正（昭二二法一六九）によつて、条例・規則に罰則規定を付することができることとされた）。

憲法九四条は、地方公共団体は、「法律の範囲内で条例を制定することができる」と規定して自治立法権の根拠を示している。自治立法権の根拠を示す同趣旨の規定は、日本国憲法の施行と共に施行された地方自治法にもみられ、地方公共団体は、「法令に違反しない限りにおいて第二条第二項の事務（筆者註・地方公共団体の処理する事務）に関し、条例を制定することができる」とし、また、地方公共団体の長は、「法令に違反しない限りにおいて、その権限に属する事務に関し、規則を制定することができる」とし、更に、その条例又は規則中に、条例に違反した者に対しては、「二年以下の懲役若しくは禁錮、十万円以下の罰金、科料又は没収の刑」を、規則に違反した者に対しては、「二千円以下の過料」を科する旨の規定を設けることができると規定してその実効性を保障した（同法一四条一項、五項・一五条一項、二項）。

二　条例の意義

（一）　条例の本質　地方公共団体は、その自治権の当然の内容として、自治立法権を有している。条例は、この地方公共団体の自治立法権に基く自治立法であり、自主法である。後にも述べるごとく、自主法としての条例制定権の根拠は、憲法自体に存するのであつて、法律による授権に基くものではない（地方自治法に条例の制定に関する規定がおかれ（一四～一六）、その他の法律に、条例の制定に関して規定しているのは、これによつて新たに条例制定権を賦与することを定めたのではなく、むしろ、憲法自体に基くその権能を前提として、その法形式を明確にし、その規定事項の範囲を他の法形式（たとえば規則）との関係において画定することを意図したものである）。この点において、条例は、国家法としての命令と異なるといいうるのである。けだし、命令は、法律の委任に基くものであり、法律の委任とは、本来法律で定めるべき事項の一部を命令の形式で定めることを認め、その命令で定めたところが法律の補充として、国家法としての効力をもつことを意味するのに対し、条例は、たとえ法律の委任によるとしても法律の補充として国家法としての効力をもつものではなく、自主法定立の委任を意味するに止まるからである。条例と命令とは、ひとしく憲法及び法律の下に存するのであるが、条例は、地方公共団体の自主法として定立されるものであるのに対し、命令は、法律と同じく、直接に、国家法として定立されるのである。換言すれば、法律と命令とは、「同じ領域、同じ地盤の上に妥当する法であり、制度上、立法権と行政権との権限の分配の結果生ずる区別に過ぎない」のに対し、法律と自主法たる条例とは、「異る領域、異る地盤の上に妥当する法であり、国と公共団体との権利の分配の結果生ずる区別」に外ならないのである（田中「条例の性質及び効力」（同・法律による行政の原理三三九頁））。

条例が自主法として、命令とは本質的に異なる性格を有することについては判例も認めるところである（この判例については、「条例と罰則」のところにおいて引用する（一五三頁参照））。しかしながら、他方において、条例は、純然たる自主法ではなく、それは同時に国家法としての側面をも有するのである。すなわち、地方自治法によつて、条例に、罰則を設けることができるとされたのであるが、刑罰は、国家法の専属管轄とされているのであるから、条例の違反に対し刑罰を科する旨の規定を設けることの一般的委任を法律上認める限り、条例もまたこの意味においては、国家法の中に含まれると考えなければならないであろう。

このように、条例の本質は、基本的には、地方公共団体の自治立法権に基く自主法であるが、その実効性の保障が刑罰によつてなされているという意味においては、国家法の側面を有するのであり、かかる条例の二元性、複合的性格がその本質的性格を形成しているといいうるであろう（刑罰規定をめぐつての条例の性格については、後述一四七頁以下を参照）。

【1】「地方公共団体はその事務に関し固有の法を定立する権能を有する。これはいわゆる自治立法であ

り、広義の行政立法ではあるが、国の行政権による立法と異り、地方公共団体という一種の部分社会の法としての性格を有し、地方公共団体の地位及び権能によつて限界づけられる。地方公共団体の条例及び規則がこれである」（盛岡地判昭三一・一〇・一五行政例集七・一〇・二四四三）。

(二)　条例の意義　憲法九四条にいう条例とは、地方公共団体がその自治権に基いて制定する法規たる定めを総称する。地方自治法には、自主法の形式として、議会がその議決によつて制定する「条例」（同法一四条）（狭義の条例）と地方公共団体の長がその権限に属する事項について制定する「規則」（同法一五条）の二種を認めており、また、別にいわゆる行政委員会は、それぞれの所管事務について、それぞれ法律の定めるところにより「規則その他の規程」を定めうるものとされ（同法一三八条の四の二項）、公安委員会規則（警察法三八条四項・四四条）、教育委員会規則（地方教育行政の組織及び運営に関する法律一四条）、人事委員会規則、公平委員会規則（地方公務員法八条四項）等があるが、これらもすべて、ここにいう条例の中に含まれる。ここにいう条例とは、地方自治法にいう条例（狭義の条例）のみを指すという学説もあるが（宮沢・日本国憲法七七二～三頁、磯崎辰五郎・行政法総論七五頁）、憲法の趣旨は、広く自主立法権を定めたものと解すべきであるから、ここにいう条例とは、狭義の条例のみならず、規則や規程をも含めた広義の条例と解すべきを至当としよう（法学協会・註解憲法一四〇二頁、佐藤（功）・憲法五五八頁、田中・行政法（中巻）一九五頁等）。

このように日本国憲法上は、条例は広義に解されるが、一般に条例という場合は、むしろ狭義の条例ないしは規則に対する意味の条例を指すのが通常である。ここに条例と規則との相違が問題とされる。現行地方制度の下においては、条例も規則も、法規たる性格を有する点においては変りがなく、従つて両者の区別は、条例が地方公共団体の事務に関し、当該議会の議決によつてこれを制定するのに対し、規則は、地方公共団体の長の権限に属する事務に関し、長がこれを制定する点に存する。旧地方制度の下において、条例が法規たる性質を有するのに対し、規則は単なる行政規則的な性格をもつに止まるとされたのとは本質的に異なるものである。

(三)　条例の種類　憲法にいう条例の意義については、狭義の条例のほか、規則その他の規程等をも含むものであること前述のごとくであるが、狭義の条例のみを取上げれば、第一に、その規定すべき事務の種類に従つてこれを分類すれば、固有事務条例、委任事務条例、行政事務条例に分つことができる。

先ず、固有事務条例とは、地方公共団体本来の存立目的たる固有事務（又は公共事務）にかかる条例をいう。たとえば、財産、営造物に関する条例、地方公共団体の組織に関する条例、地方税に関する条例等がこれである。

次に、委任事務条例とは、法律又は政令によつて国の事務で地方公共団体に委任されたもの（委任事務）にかかる条例をいう。文化財保護条例（文化財保護法九八条二項）、屋外広告物条例（屋外広告物法三―七条）、風俗営業取締条例（風俗営業取締法二条・三条）等がこれであり、法律若しくは政令の細則的事項又は地方の特殊性に委すべき事項について規定するものである。

最後に、行政事務条例とは、地方公共団体がその区域内で、地方公共の利益に対する侵害を防遏又は排除し、もつて地方公共の福利を維持するために、住民の権利を制限し、自由を規制するような権力行使を伴う事務（行政事務）にかかる条例をいう。行政事務条例は、住民の権利・自由にかかるものであり、法規的性格を有し、憲法九四条にいう「行政を執行」するために、その制定が要請される性格の条例である。従つて、その種類、内容は、住民生活の各般に及び、必然警察取締的性格のものが多くなつている。各種生産物検査条例、集会、集団行進及び集団示威運動に関する条例(いわゆる公安条例)、騒音防止条例、押売防止条例等がこれである(公共事務、委任事務、行政事務の区別は、それ自体批判されるべきであって、実際の意義に乏しい(長野士郎・逐条地方自治法〇八〜一一四頁))。

第二に、実際的な必要からこれを分類すれば、住民の権利義務に関するものと地方公共団体の内部的事項に関するものとにこれを区別しうる。

先ず、住民の権利義務に関する条例は、非権力的な性質の事務に関するものと権力的な性質の事務に関するものに分たれ、前者には、財産、営造物の使用に関する条例(地方自治法二一三条一項)、地方税、使用料、手数料、分担金等の賦課徴収に関する条例(地方自治法二二三条、地方税法三条)等があり、後者には、前に述べたいわゆる行政事務条例が含まれ、また、後述の統制条例(地方自治法一四条四項)もこれに含まれる。

次に、地方公共団体の内部的事項に関する条例には、地方公共団体の組織(議会・執行機関)に関する条例(たとえば、地方自治法九〇条二項・一〇二条二項・一〇九条一項・一一一条・一三八条の四ノ三項・一五六条一項・一五八条一、二項・一六一条一、二項・一七二条三項・一九一条二項・二〇〇条二項・一九五条二、三項・二〇二条、地方教育行政の組織及び運営に関する法律二一条・四一条、警察法四七条四項・五一条六項・五三条四項・五七条二項・六八条二項、消防組織法七条・一五条の二ノ三項・一五条の二ノ四項等)、職員の給与に関する条例(地方自治法二〇三条・二〇四条・二〇七条)、財務に関する条例(地方自治法二一三条二項・九六条一項8、9、二四三条二項)等が含まれる。

三　条例制定権の根拠

条例制定権の根拠は、憲法自体に存するのであり、凡そ地方公共団体の事務であれば、何等の法律の根拠がなくても、憲法に基いてこれにかかる条例を制定することができる。すでに述べたごとく、憲法九四条は、「地方公共団体は、……法律の範囲内で条例を制定することができる」と規定しているが、これがいわゆる条例制定権の根拠とされる規定である。

法令の中には、条例を制定する旨を規定したものが少なくなく（たとえば、地方自治法一六条四項・九一条二項・一〇二条二項・一三八条二項・一五八条七項・一六一条・二〇三条五項・二〇四条三項・二一三条一項・二二三条一項、地方公務員法五条一項・二四条六項・三一条、警察法四七条四項・五三条四項、消防組織法一五条の二、三項、旅館業法四条二項、公衆浴場法二条三項・三条二項、興業場法三条二項、文化財保護法九八条二項・一〇四条の三の三項、風俗営業取締法三条等）、これに基いて多くの条例が制定されているが、これは当該事項について全国画一的に条例の制定を行わしめようとするものであつて、条例制定権の根拠が法律にあるのではなく、また、地方自治法一四条一項の「普通地方公共団体は、法令に違反しない限りにおいて第二条第二項の事務に関し、条例を制定することができる」という規定も、憲法九四条の規定の趣旨を繰返し、更に、その名称、形式、規定事項、効力等を明瞭にしたにすぎないのであつて、これ自体が条例制定権の根拠となるものではない。

条例制定権の根拠が憲法自体に存し、法律によつて与えられたり、その媒介を必要とするものでないことは、学説上も殆んど異論がないが（宮沢・日本国憲法七七二頁、原竜之助「条例と規則」行政法講座第一巻二八七〜八頁、田中「条例の性質及び効力」三三五頁、長野士郎他「地方自治と条例」一一〜二頁、佐藤（達）「条例と法律との関係」時の法令二九〇号等）、判例においては、このこと自体が判旨の論点とされたことはなく、ただ論旨においてこの点に触れているものを若干みることができるに止まつている。判例中には、条例制定権が、直接憲法自体に存することを明確に判旨の中に表わしているものも存するが（【2】【3】及び【4】）、中には若干曖昧な表現を用い、憲法九四条に基く地方自治法の規定に基くものとしているものもある（【5】【6】及び【7】）。しかしながら、後者といえども、条例制定権の根拠自体を、憲法自体ではなく地方自治法に求めているのではなく、憲法自体には存するが、地方自治法にも根拠規定があるために、直接的には、両者ないしは憲法に基く地方自治法に基いて制定されたとしたに過ぎないことは明らかであろう。

【2】「地方公共団体の制定する条例は、憲法が特に民主主義政治組織の欠くべからざる構成として地方自治の本旨に基き（憲法九二条）、直接憲法九四条により法律の範囲内において制定する権能を認められた自治立法にほかならない」（最判昭二九・一一・二四 刑集八・一一・一八六六）。

【3】「条例は直接に憲法第九十四条によつて認められた地方公共団体の立法形式であつて、同条により法律の範囲内において効力を有するものと定められているほか……」（東京高判昭三一・五・一四 高刑特報三・一〇・五三二）。

【4】「……憲法第九四条は地方公共団体に対しその権能である行政を執行するため法律の範囲内において条例の制定権（いわゆる自治立法権）を保障しているところであつて……」（広島高判昭二八・九・九 刑集六・一二・一六四九）。

【5】「横浜市風紀取締条例は、普通地方公共団体たる横浜市が、憲法第九十二条ないしは第九十四条の保障する地方自治に基く自主立法権により、これが憲法の条項を母体とする地方自治法の規定するところに従い制定したものにかかるところ……」（東京高判昭三一・一二・一七 刑集九・一二・二七〇）。

【6】「昭和二十五年七月三日東京都条例第四十四号は、憲法第九十四条地方自治法第十四条の規定に基き制定せられたもので……」（東京地判昭二九・一〇・五 裁時報一七〇・一六三）。

【7】「昭和二四年埼玉県条例第四三号が……旨定めたのは、憲法第九四条による地方自治法第一四条により普通地方公共団体（都道府県及び市町村）は法令に違反しない限り、地方公共の秩序を維持し、住民及び滞在者の安全、健康、福祉を保持すること、公園、運動場、道路等の設置、管理又はこれを使用する権利を規制することなど、公共団体の区域内における行政事務で国の事務に属しない事務に関し条例を制定し、その中に罰則を定めることができる旨の規定に基づき制定されたものであることは明白である」（東京高判昭二六・一二・六 刑集四・一四・二〇五二）。

条例制定権の根拠に関しては、右のように一般的には問題はないが、住民の権利・自由を規制するいわゆる行政事務条例については、その制定に何等法律の媒介を必要とせず、自由にこれをなしうるかどうか若干問題が存する。すなわち、基本的人権に対する制約を内容とする条例の制定については、一応法律で枠を定めた上で条例に委任すべきであるとする説（原・条例と規則二九四頁、入江俊郎「地方自治管見」自治研究二四巻九号七～八頁、同「憲法と地方自治法」法律文化五巻一・二号四二頁、四五頁、長浜政寿「条例制定権の限界」法学論叢五八巻二号）と、かかる条例についても、その制定権の根拠を憲法自体に求め、一般の条例と同じく、何等法律の授権を必要とするものではないとする説（俵静夫「条例」（清宮―佐藤・憲法演習所収）、佐藤（達）「条例と法律との関係」時の法令二九〇号三四頁、佐藤（功）「地方立法の限界」都市問題五〇巻一号五～六頁）とが対立する。前者は、法治主義の原理をその根拠とし、また、後者の理由とするところは、条例制定権自体は、憲法が直接保障する地方公共団体の自治権に基くものであり、かつ、憲法九四条は、地方公共団体の権能として、単に「財産を管理し事務を処理」するのみならず、「行政を執行する」ことを認めたのであるが、ここにいう行政の執行こそほかならぬ住民の権利・自由の規制にかかる執行的な事務を指すのであるから、基本的人権の制約を内容とする行政事務条例の制定も、憲法自体が認めたものであるとする点にある。

この点に関しては、従来判例上問題とされたことはないが、今後において問題とされる場合には、右の学説が参考とされるところ少なからざるものがあろう。

二　条例制定権の範囲と限界

一　基本的人権と条例

条例、特に行政事務条例の中には、住民の権利・自由を規制しているものが多いために、基本的人権との関係において問題とされるものが少なくない。条例と基本的人権との関係で問題とされるのは、条例によつて基本的人権を制約することができるか否かという一般的問題と、憲法に保障する各種の基本的人権と条例との関係において生ずる個別的・具体的問題とである。

（一）　条例における基本的人権と公共の福祉　基本的人権は条例によつて制約することができるか否かの問題は、公共の福祉との関係に関しては、法律における場合とその理論においては全く同一であるが、法律における場合自体甲論乙駁の論議が闘わされ、極めて異論の存するところである。その論議は、幾多のニュアンスの相違はあるが、概ね次の二説に分つことができる。

第一説は、憲法一三条は、基本的人権は、「公共の福祉に反しない限り、立法その他の国政の上で、最大の尊重を必要とする」と定め、また一二条においては、基本的人権は、「濫用してはならないのであつて、常に公共の福祉のためにこれを利用する責任を負う」と定められているから、憲法の保障する基本的人権は無制限のものではなく、公共の福祉の限界内において認められると解し、しかも、それは基本的人権の一般的性質であるから、個々の基本的人権について、憲法が特にこれを明記していると否とにかかわらず、すべてあてはまるとするものである（清宮四郎・憲法要論七五頁、宮沢・日本国憲法二〇〇頁、佐藤（功）・憲法一〇五頁、田畑忍・憲法原論四〇〇八頁、中村哲・日本国憲法の構造一七一頁等）。

第二説は、憲法一一条に明記されているごとく、現行憲法は、一般に基本的人権を「侵すことのできない永久の権利」として保障しているから、憲法上特に個々の規定において公共の福祉による制約をみとめたもの以外は、基本的人権の保障は一般に無制限であり、公共の福祉に反する場合でも基本的人権を制約することはできないとするものである（佐々木惣一・憲法四〇〇頁、渡辺宗太郎・憲法要論一〇一頁、なお、これに類似するものとして、鵜飼信成・憲法七二〜六頁、鈴木安蔵・憲法学原論二六二〜三頁）。

第一説が多数説であり、判例もこの立場に立つている（判例として最も典型的なものは、尊属殺人事件に関する判例（最判昭二三・三・一二刑集二・三・一九一）であり、最高裁の判例としても、人権と公共の福祉については、極めて多くの判例があらわれている。この点に関しては、小林孝輔「基本的人権と公共の福祉」総合判例憲法（3）四三〜七一頁参照）。

条例は、前述のごとく、憲法九四条によつてその制定の根拠が与えられ、直接法律の委任がなくとも「法律の範囲内において」住民の権利・自由を規制することができるから、基本的人権との関係については、一般論としては、法令の場合と同じであるといいうる。従つて、公共の福祉の要請が存するならば、条例によつて基本的人権を制約することもまた可能であると思われる。

㈡　憲法に保障する各種の基本的人権と条例　条例による基本的人権の制約に関して、判例上又は実際上問題とされたものを、憲法に保障する各種の基本的人権別にみれば、次のごとくである。

(1)　法の下の平等　地方公共団体は、広範な条例制定権に基き、法令の規定に違反しない限り、その各般の事務に関し条例を制定しうるのである。しかしながら、条例は、法規たる性質を有する点では、法律と同一であるが、他面、それは自主法であることに基き、法律による規制が全国画一的であるのに対して（法律の中には、特定の地方のみを対象とするものも少なくない）、条例による規制は各地方によつて千差万別である。たとえば、ある地方においては一定の行為を禁止、制限しているのに、他の地方においては全く規制が行われず放任されており、また、同一事項に関する規制にしても、地方ごとに構成要件、行政措置、罰則等が異なるものも少なくない（判例上最も論議された公安条例についても、これを全国的にみればA県においては許可制の条例を制定し、B県では届出制の条例を制定し、C県においては何等条例を制定していないというごとくであり、更に細部の規定については千差万別である）。このような事態は、政策上の問題としては是非のあるところであるが、憲法上の問題としては、条例の規制によつて、ある地方の者だけが特に不利益な取扱を受けることは、憲法一四条に保障する法の下の平等の原則に反しないかということが考えられる。

憲法一四条の規定は、条例の制定者をも拘束するか、あるいは、一般に条例の適用の上だけの問題にすぎないかは、学説の分れるところであるが、いまこの論議は暫く措き、判例、通説に従い、条例の適用の上のみならず条例の制定者をも拘束する立場をとることとする（最判昭二五・一〇・一一刑集四・一〇・一二七五、最判昭二三・一〇・六刑集二・一〇二〇三七法学協会・註解憲法三四八頁、宮沢・日本国憲法二〇八頁、同・憲法Ⅱ（法律学全集）二六一頁、清宮・憲法要論七六頁、佐藤（功）・憲法一〇九頁等参照。なお、少数説として、法の下の平等の原則を条例適用における平等と解するものとしては、佐々木・日本国憲法四二五頁、大石・日本国憲法の法理二一二頁等がある）。ところで、各地方ごとに異なる条例の規制と法の下の平等との関係であるが、これにかかる判例としては、売春等取締条例によつて処罰された者が、売春に対する一般的処罰規定を全国画一的に法律をもつて設けるならばともかく、各都道府県ごとに条例によつて設けることは、憲法一四条の精神に反すると主張して上告したものがある。これに対し、最高裁は、昭三三・一〇・一五大法廷の判決（刑集一二・一四・三三〇五）で次のごとく判示した。

【8】「社会生活の法的規律は通常、全国にわたり劃一的な効力をもつ法律によつてなされているけれども、中には各地方の特殊性に応じその実情に即して規律するためにこれを各地方公共団体の自治に委ねる方が一層合目的的なものもあり、またときにはいずれの方法によつて規律しても差支えないものもある。これすなわち憲法九四条が地方公共団体は「法律の範囲内で条例を制定することができる」と定めている所以で

ある。地方自治法は、憲法のこの規定に基き、普通地方公共団体は、法令に違反しない限りにおいて、その事務に関し、条例を制定することができる旨を規定し（同法一四条一項）、その事務として、「地方公共の秩序を維持し、住民及び滞在者の安全、健康及び福祉を保持すること」（同法二条三項一号）や「風俗又は清潔を汚す行為の制限その他の保健衛生、風俗のじゆん化に関する事務を処理すること」（同法同項七号）等を例示している。そして条例中には、法令に特別の定があるものを除く外、「条例に違反した者に対し、二年以下の懲役若しくは禁錮、十万円以下の罰金、拘留、科料又は没収の刑を科する旨の規定を設けることができる」（同法一四条五項）としているのである。本件東京都売春等取締条例は前記憲法九四条並に地方自治法の諸条規に基いて制定されたものである。……論旨……は、売春取締に関する罰則を条例で定めては、地域によつて取扱に差別を生ずるが故に、憲法の掲げる平等の原則に反するとの趣旨を主張するものと解される。しかし憲法が各地方公共団体の条例制定権を認める以上、地域によつて差別を生ずることは当然に予期されることであるから、かかる差別は憲法みずから容認するところであると解すべきである。それ故、地方公共団体が売春の取締について各別に条例を制定する結果、その取扱に差別を生ずることがあつても、所論のように地域差の故をもつて違憲ということはできない。論旨は理由がない。」

この判決は、田中裁判官以下一〇人の裁判官の合議にかかるものであるが、これには、下飯坂、奥野両裁判官の次のごとき補足意見が付されている。

【9】「憲法九四条は「地方公共団体は……法律の範囲内で条例を制定することができる」と規定し、条例制定権は、法律の範囲内で許されることを規定している以上、法律の上位にある憲法の諸原則の支配をも受けるものと解すべきは当然であつて、各公共団体の制定した条例も、憲法一四条の「法の下に平等の原則」に違反することは許されないものと解する。……例えば、同種の行為について一地域では外国人のみを処罰したり、他の地域では外国人のみにつき処罰を免除するが如き各条例は、特段の合理的根拠のない限り、憲

法一四条に反することになろう。……各条例相互間に憲法一四条の原則を破る結果を生ずることまでも、憲法が是認しているものと解すべきではなく、各条例が各地域の特殊な地方の実情その他の合理的根拠に基いて制定され、その結果生じた各条例相互間の差異が、合理的なものとして是認せられて始めて、合憲と判断すべきものと考える。」

(2)　集会の自由　憲法二一条一項は、「集会、結社……その他一切の表現の自由は、これを保障する」と規定し、いわゆる集会、結社の自由を保障している。条例について、この自由が問題となるのは、そのすべてが集会、集団行進及び集団示威運動に関する条例（いわゆる公安条例）に関してであり、判例上も極めて多数のものがあらわれ、また、これに対する批評、学説も数多く論じられている（公安条例に関する文献中旧いものは、法律時報編集部・戦後法学文献目録第一集三一二頁及び鈴木安蔵他・基本的人権の研究一二〇頁・一七六頁以下に列挙されているが、特に注目すべきものとして、田中二郎「公安条例の合憲性の限界」自治研究三一巻一九号、鵜飼信成「公安条例問題の帰結」判時三九号、相田俊雄「公安条例をめぐる諸問題」公法研究一三号、平賀健太「集団示威運動は自由か」ジュリスト七九号、大西芳雄「公安条例総合判例研究」立命館法学二六号、奥平康弘「集団行進、集団示威運動等の規制」自治研究三四巻八号等）。

加うるに、本叢書においては、「集会、結社の自由」と題して、これにかかる判例を網羅的に示され、その問題点も指摘されているから（奥平康弘「集会・結社の自由」総合判例研究叢書憲法(2)）、ここにおいては、ごく簡単にこれを要約するに止めたい。

公安条例が憲法にみとめる集会の自由に対して違反するか否かについては、判例は、合憲説、違憲説に分たれる。先ず、合憲説をとる判例によれば、種々ニュアンスの差異はあるが、道路その他公共の場所で、集会、集団行進、集団示威運動を行おうとするときは公安委員会に届出をしなければならないとするもの（いわゆる届出制）は、公共の福祉の維持のためであれば、原則として、憲法違反にならないものとし、また、右の場合に公安委員会の許可を受けなければならないとするもの（いわゆる許可制）は、一般的な許可制は許されないが、合理的かつ明確な基準の下に、対象を限定し又は不許可の場合を例示し、公共の福祉維持のため必要かつ止むを得ない最少限度の制限を加えるものであれば、何等違憲ではないとする。合憲説に立脚する判例は、昭和二三年頃から下級審のものとしては多く示されていたが、昭和二九年最高裁において下されたものによつて、代表的・基本的なものとされた。その後も、数回最高裁によつて合憲判決が行われているが（最判昭三〇・二・一刑集九・二・一一九、最判昭三〇・三・三〇刑集九・三・五六二、最判昭三〇・五・一〇刑集九・六・九六七）、理論的には、いずれも最初の最高裁の判例に立脚するものである。しかもこの判例には、これを違憲なりとする少数意見が附されているところに注目すべき点がある。従つて、ここにおいては、合憲説にたつ他のものについては本叢書中の「集会・結社の自由」の部に収録されている関係もあるからこれを省略することとし、最初に下された代表的判例とこれにかかる少数意見のみをあげるに止めることとする。

【10】「行列行進又は公衆の集団示威運動（以下単にこれらの行動という）は、公共の福祉に反するような不当な目的又は方法によらないかぎり、本来国民の自由とするところであるから、条例においてこれらの行動につき単なる届出制を定めることは格別、そうでなく一般的な許可制を定めてこれを事前に抑制することは、憲法の趣旨に反し許されないと解するを相当とする。しかしこれらの行動といえども公共の秩序を保持し、又は公共の福祉が著しく侵されることを防止するため、特定の場所又は方法につき、合理的かつ明確な基準の下に、予じめ許可を受けしめ、又は届出をなさしめてこのような場合にはこれを禁止することができる旨の規定を条例に設けても、これをもつて直ちに憲法の保障する国民の自由を不当に制限するものと解す

ることはできない。けだしかかる条例の規定は、なんらこれらの行動を一般に制限するのでなく、前示の観点から単に特定の場所又は方法について制限する場合があることを認めるに過ぎないからである。さらにまた、これらの行動について公共の安全に対し明らかな差迫つた危険を及ぼすことが予見されるときは、これを許可せず又は禁止することができる旨の規定を設けることも、これをもつて直ちに憲法の保障する国民の自由を不当に制限することにはならないと解すべきである。そこで本件の新潟県条例（以下単に本件条例という）を考究してみるに、その一条に、これらの行動について公安委員会の許可を受けないで行つてはならないと定めているが、ここにいう「行列行進又は公衆の集団示威運動」は、その解釈として括弧内に「徒歩又は車輌で道路公園その他公衆の自由に交通することができる場所を行進し又は占拠しようとするもの、以下同じ」と記載されているから、本件条例が許可を受けることを要求する行動とは、右の記載する特定の場所又は方法に関するものを指す趣旨であることが認められる。そしてさらにその一条二項六条及び七条によれば、これらの行動に近似し又は密接な関係があるため、同じ対象とされ易い事項を掲げてこれを除外し、又はこれらが抑制の対象とならないことを厳に注意する規定を置くとともに、その四条一項後段同二項四項を合せて考えれば、条例がその一条によつて許可を受けることを要求する行動は、冒頭に述べた趣旨において特定の場所又は方法に関するものに限ることがうかがわれ、またこれらの行動といえども特段の事由のない限り許可することを原則とする趣旨であることが認められる。されば本件条例一条の立言（括弧内）はなお一般的な部分があり、特に四条一項の前段はきわめて抽象的な基準を掲げ、公安委員会の裁量の範囲がいちじるしく広く解されるおそれがあつて、いずれも明らかな具体的な表示に改めることが望ましいけれども、条例の趣旨全体を総合して考察すれば、本件条例は許可の語を用いてはいるが、これらの行動そのものを一般的に許可制によつて抑制する趣旨ではなく、上述のように別の観点から特定の場所又は方法についてのみ制限する場合があることを定めたものに過ぎないと解するを相当とする。されば本件条例は、所論の憲法一二条同二一条同二八条同九八条その他論旨の挙げる憲法のいずれの条項にも違反するものではなく、従つて原判決にも所論のような違反はなく論旨は理由がない。（なお本件条例四条一項は、文理としては許可することを原則とする立言をとりながら、その要件としてきわめて一般的抽象的に「公安を害する虞がないと認める場合は」と定めているから、逆に「公安を害するおそれがあると認める場合は」許可されないという反対の制約があることとなり、かかる条項を唯一の基準として許否を決定するものとすれば、公安委員会の裁量によつて、これらの行動が不当な制限を受けるおそれがないとはいえない。従つてかかる一般的抽象的な基準を唯一の根拠とすれば、本件条例は憲法の趣旨に適合するものでないといわなければならない。しかしながらこれらの行動に対する規制は、右摘示部分のみを唯一の基準とするのでなく、条例の各条項及び附属法規全体を有機的な一体として考察し、その解釈適用により行われるものであることはいうまでもないから、上記説明のとおり結論としてはこれを違憲と解することはできないのである。）

〔少数意見〕　本件についての藤田裁判官の少数意見は左のとおりである。

行列行進又は公衆の集団示威運動は公共の福祉に反するような不当な目的又は方法によらないかぎり、本来国民の自由とするところであるから、条例において、これらの行動につき単なる届出制を定めることは格別、そうでなく一般的な許可制を定めて、これを事前に抑制することは、憲法の趣旨に反し許されないと解すべきことは多数説の説くとおりである。又、本件条例四条一項は、その要件として、きわめて一般的抽象的に公安委員会は「公安を害する虞がないと認める場合は」許可を与えなければならないと定めているのであつて、かかる条項を唯一の基準として許否を決定するものとすれば、公安委員会の裁量によつて、行列行進等の集団運動が不当な制限を受けるおそれがないとは云えないから、かかる一般的抽象的な基準を唯一の根拠とするものとすれば、本件条例は、憲法の趣旨に適合するものでないとみとめなければならないこともまた、多数説の説くところである。多数説が右のごとき大前提を是認しながら、なお、かつ、本件条例をもつて違憲にあらずとする所以のものは、右条例は如上集団行動を一般的に許可制によつて抑制する趣旨ではなく「特定の場所又は方法についてのみ制限する場合があること」を定めたものに過ぎないからであるというに帰する。そうして、その「特定の場所、方法」というは本件条例一条中括弧内に「徒歩又は車輌で道路公園その他公衆の自由に交通することができる場所を行進し、又は占拠しようとするもの」とあることを指すものであることは明瞭である。

しかしながら、およそ問題となるべき行列行進又は公衆の集団示威運動のほとんどすべては徒歩又は車輌で道路公園その他公衆の自由に交通することができる場所を行進し、又は占拠しようとするものであつて、それ以外の場所方法による集団行動は、ほとんど、ここで問題とするに足りないと云つても過言ではあるまい。右条例掲示のような場所方法による集団行動のすべてを許可制にかかるとすることは、とりもなおさず、この種行動に対する一般的、抽象的な抑制に外ならないのであつて、これをしも、場所と方法とを特定してする局限的の抑制とするがごときは、ことさらに、顧みて他をいうのそしりを免れないのであろう。多数説は、その他に一条二項、六条及び七条に、これらの行動に近似し、又は密接な関係があるため、同じ対象とされ易い事項を掲げてこれを除外していることをあげて、これをも本件条例の一般的抑制でない一つの証左としているけれども、一条二項に掲げるところは、「学生、生徒、児童のみが参加し、かつ教科課程に定められた教育の為め、学校の責任者の指導によつて行う行列行進は許可を要しない」と規定しているに過ぎず、この種の行動のみを除外したからといつて、一般的抑制でないとするに足らないことはいうまでもないのみならず、むしろ、かかる教課的のもの以外の集団行動はすべて許可を要することを明らかにした点において、この規定の反射的効果は強大である。又六条、七条の規定はこの条例の趣旨に関する立法者自身の独断的解釈を宣言するに止まり、――たとえば、この条例をもつて、公の集会等の監督、検閲の権限を公務員に与えるものと解釈してはならない、選挙演説に許可を要するものと解釈してはならない等――多数説のいわゆる「特定の場所、特定の方法」に何物をも加えるものでないことは、その条項の文辞自体からみて極めて明らかである。

以上綜合すれば本条例は、一条二項に掲げられた修学旅行的のもの以外の道路公園等で行われる行列行進又は公衆の集団示威運動はすべて、必ず事前に公安委員会の許可を受けなければならない、これを受けないで行うときは一年以下の懲役又は五万円以下の罰金に処せられるとするものである。そうして、四条には「公安委員会は公安を害する虞がないと認める場合は……許可を与えなければならない」と規定されてあつて、これは多数説のいうごとく、「公安委員会が公安を害するおそれがあると認める場合は、許可されないという反対の制約があること」を意味するのであつて、かかる行動の公安を害するおそれあるや否やの判定は公安委員会の極めて広範な——特に何らの基準の定めもない——自由裁量に委ねられているのである。いうまでもなく、この種集団行動は憲法の保障する言論集会の自由に直結するものであつて、これを一般的に禁止し、その許否を一公安委員会の広範な自由裁量にかからしめるというごときことは、憲法の趣旨に合するものでないことは多数説の説くとおりであつてしかも多数説が本条例をもつて一般的禁止にあたらないとする論拠の一も首肯するに足るものがないことは如上説示のとおりである。自分は、多数説が一般的禁止にあらずとするところを是認することができないが故に、多数説の大前提とするところに同調して本条例を以て違憲であると断ぜざるを得ないのである（最判昭二九・一一・二四刑集八・一一・一八六六）。

合憲説をとる判例は、右の代表的なもの以外も極めて多いが、これに対して、違憲説をとる判例は、稀であり、僅かに二、三を数うるに止まつている。そのうち初期のものは、憲法二一条が保障する自由は、思想の自由と共に、民主主義実現の基盤をなすものであり、これが十分な保障なくして到底民主国家としての成立は望みえないから、一般的制限に近い程度に広範に集会、集団行進等を取締の対象としている場合は、公共の福祉の立場からしてもこれが制限は違憲なりとするものである（京都地判昭二六・一〇・二六裁時九四・三）。その後の判例として、許可制の場合、許可決定の基準を漠然たる「公安を害する虞れ」の有無におき、その許可決定について何等時間的拘束を加えていないような定めは、憲法で認められた思想表現の自由を制限する方法としては余りに広範かつ概括的に過ぎ、少なくとも現下の社会情勢のもとにあつては、公共の福祉を維持する必要最少限の制限とはいいえないから違憲であるとするもの（東京高判昭二九・九・一五高裁特報一・六・二四〇）と、公共の安寧を保持する上に直接危険を及ぼすと明らかに認められる場合に不許可にするというような規定は、解釈に伸縮自在性を留保し、かつ具体性を欠くから違憲であるとするもの（東京地判昭三三・六・五判時一四八・六）とがある（これらの判例の内容に関しては、前掲、本叢書(2)奥平康弘「集会・結社の自由」三三〜三九頁に引用されているから参照されたい）。

最高裁判所が、再三合憲の判決を下しているにも拘らず、その後違憲説にたつた判決があらわれていることは、その論点も異なるとはいえ、公安条例の性格に対し更に一層の研究に俟つところ大なるものがあると思われる。

(3)　言論・出版その他表現の自由　憲法二一条は、「言論、出版その他一切の表現の自由は、これを保障する」と規定し、他の基本的人権と同じく、公共の福祉に反しない限りにおいてこれらの自由を保障している。

言論・出版その他表現の自由に関して条例上論議の対象とされたものは、福井県震害臨時措置条例が言論弾圧法のおそれありとされた事例（同条例一条に「何人も震害に乗じ、人心の惑乱する虞れある虚偽の事実若しくは不確実な情報を流布し又は事実を誇大に宣伝してはならない」と規定し、これらの違反に対しては最高の刑罰を科している（田中二郎・行政法の基本原理一三四頁参照）。）や青少年保護条例において、有害図書の販売を制限することが言論・出版の自由に違反するか否かで問題とされた事例（俵「条例」一八七し一九二頁参照）等であるが、判例上問題となつたものは、屋外広告物条例において、美観風致の維持の見地から、一定の地域について広告物の制限規定を設けたのに関し、表現の自由との関係から論議されたものである。判旨は、当該条例が、美観風致の維持及び公衆に対する危害の防止という具体的な公共の福祉のため、広く言論その他一切の表現の自由を全般的に禁止するのではなく、単に特定の手段方法による表現活動につき、しかも、一定の地域又は場所のみを対象としてある程度の制限をしているのは、右両者の均衡を失しないやむを得ざる措置であるとし、当該条例の合憲性を認めた。

【11】「所論の如く、屋外広告物の表示等の自由も、憲法第二十一条に保障する言論その他表現の自由の一つとして、これを最大に尊重せねばならぬことは勿論であるが、他面憲法に保障する他の色々な自由権と斉しく、同法第十二条第十三条の趣旨に従い具体的な公共の福祉のため必要があるときは、その必要性と均衡を失しない程度において、これを制限することの止むを得ないことも亦理の当然と言わなければならない。……併し乍ら、右屋外広告物条例は、その母法たる屋外広告物法に遵拠し、美観風致の維持（及び公衆に対する危害の防止）と言う具体的な公共の福祉のための、屋外広告物の表示の場所及び方法等につき必要な規制を為すことを目的として定められたものであつて、同条例第一条が一定の地域場所における屋外広告物の表示等を知事の許可にかからしめてはいるがこれを禁止してはいないこと、而も右許可は同条例の前記目的に照らし美観風致の維持（及び公衆に対する危害の防止）と言う具体的な基準に従つて決せられるのであり全面的な自由裁量に委せられてはいないこと、同条例第九条に定められている許可申請書の記載事項も……前記の目的に照らし必要やむを得ない事柄のみであつて、言論その他表現の自由の核心たるその内容自体に

関するものではないこと、同条例第十一条に規定する許可証の添付又はこれに代るべきなつ印を受ける等の如きは前記許可制を採る以上当然の所に属すること、並びに……手数料の額も……必ずしも多額とは認められず、而も同条但書により知事が手数料の徴収を不適当と認めるものについてはこれを徴収しないことになつている等、右凡ゆる方面から考えても、前記広告物条例を以て所論のように屋外広告物の表示等を原則的に禁止したものとは目し難く、ただこれを制限したもの即ち部分的相対的に禁止しているに過ぎないものと解するのが相当である。……そして、右の様に、広く言論その他一切の表現の自由を全般的に禁止するものではなく、特定の手段方法による表現活動につき而も一定の地域又は場所のみを対象として、ある程度の制限を為すことは、一般国民が希望し又その幸福と利益に帰する所の美観風致の維持と言う具体的な公共の福祉に鑑み、両者の均衡を失しない止むを得ざる措置と言うべく、之を以て憲法第二十一条に背反する無効のものと言うことはできない」（福岡高判昭二八・五・四刑集六・五・六八一）。

(4)　居住・移転の自由　憲法二二条は、「何人も、公共の福祉に反しない限り、居住、移転……の自由を有する」としている。

居住の自由にかかる判例は、売春取締条例中に、売春のために他人を自己の管理する家に居住させた者に対し処罰することとした規定が問題とされたものである。

【12】「日本国憲法第二二条第一項により保障される、居住の自由とは、居住者自身、その欲するところに従い任意に住所又は居所を定め得ることを意味するのであつて、他人を居住させる自由を迄も包含しないものと解すべきを相当とする。ところで、所論の静岡県売春取締条例（昭和二八年一〇月一三日静岡県条例第五九号）は、その第六条に、「売春のために、他人を自己の管理する家に居住させた者は、一年以下の懲役又は二万円以下の罰金に処する」と規定しているのであるが、此の規定たるや、売春のために、他人を居住

させることを禁止する趣旨であることは、その明文上一点の疑を容れないところであつて、此の規定を以て売春の目的のためにする婦女の居住を制限したものと解する余地は全くない。されば右条例の規定が右憲法の規定に抵触若くは違反するが如きいわれないのは勿論、また憲法第三一条の規定に違背する無効のものと論ずべき筋合ではない」（東京高判昭三〇・二・二一刑集八・一・九九）。

(5)　職業選択の自由（営業の自由）　憲法二二条一項は「何人も公共の福祉に反しない限り……職業選択の自由を有する」ことを保障している。職業選択の自由には、自己の従事すべき職業を選択することができる自由のみならず、選択した職業を行う自由、すなわち営業の自由が含まれる。しかしながら、営業の自由が保障されるのは、公共の福祉に反しない限りであるから、公共の福祉に反するときは、条例をもつてこれを規制することができることは憲法上も明白である。従つて、ここにおいて営業の制限が、公共の福祉の維持のために必要な限度か否かが当該条例の合憲性の判断の根拠となる。

　この点に関して論及した判例は、金属屑業条例に関し営業の自由との関係から触れたもの（【13】及び【14】）と公衆浴場設置基準条例に関し、公衆浴場の設置場所の配置の基準が職業選択の自由との関連から問題とされたもの（【15】）とがあるが、いずれも当該条例の規定は、職業選択の自由ないし営業の自由を制限することになるとしても公共の福祉の見地から必要なる措置であるとして、当該条例の合憲性を認めている。

【13】「憲法第二二条は国民の権利として職業選択の自由従つて又営業の自由を保障しているが、その自

由を無制限に享有させているのではなく公共の福祉の要請がある限り制限され得ることも認めているのであつて、金属屑営業に届出義務を課し且或る種の取引行為につき一定の制限を設けこれに違背した場合を処罰することが公共の福祉を維持するために必要であるならばその制限は何等憲法に違反するものではなく、又憲法第九四条は地方公共団体に対しその権能である行政を執行するため法律の範囲内において条例の制定権（いわゆる自治立法権）を保障しているところであつて、地方自治法第二条第一四条によれば、地方公共団体は法令に違反しない限りにおいて地方公共の秩序を維持し、住民及び滞在者の安全健康及び福祉を保持するためにも条例を制定し且つその条例中に条例違反者に対する罰則を設けることができる旨を定めている。そこで問題は金属屑営業者に対する前記の如き制限が公共の福祉即ち地方公共の秩序を維持し住民及び滞在者の福祉を保持するため必要なものであるかどうか及び右の制限は他の法令に違反するものであるかどうかであるが、古物商並びに質商については従前から許可営業主義を採り且つこれに対し種々の営業制限が設けられ以て今日にも及んでいるのであるが（昭和二四年法律第一〇八号古物営業法、同二五年法律第一五八号質屋営業法）それは賍物の相当数がそれらの業者に流れる現実の事態に鑑みその流れを阻止し又はその発見に努め被害者の保護を計ると共に犯罪の予防ないし検挙を容易にするために必要であつて、右は国民生活の安寧を図りいわゆる公共の福祉を維持する所以であるから、公共の福祉を維持するため必要なものとして右の制限も是認されているのである（なお昭和二六年（あ）第四六二九号同二八年三月一八日最高裁判所大法廷判決参照）本件金属屑についても事情は全く同一であつて殊に終戦後金属屑の需要が盛んとなるに従い、これらが盗犯その他の犯罪の対象となり且つその犯人は未成年者の少年が多数である広島県下の実情に鑑み同県が前記本件条例を制定するに至つたことも十分首肯し得るところであつて右は地方公共の秩序を維持し住民及び滞在者の福祉を保持するため即ち公共の福祉を維持するため必要なものと認めざるを得ない」（広島高判昭二八・九・九刑集六・一二・一六四九）。

【14】「昭和二六年八月一〇日広島県条例三九号「金属屑業条例」の各条を通覧するに同条例は広島県下における金属類の盗犯その他の犯罪を防止し、或は、それら犯罪の検挙を容易ならしめるために、制定されたものであることが認められる。所論の同条例一〇条二〇条二三条も、結局、他の規定と相俟つていわゆる公共の福祉を維持するための必要な措置として規定せられたものであることは疑いのないところである。してみれば、右の各条がたとえ所論のように営業の自由を制限することになるとしても、それは公共の福祉を維持するために必要にして、かつ、やむを得ないものであるといわなければならない。従つて、同条例一〇条二〇条二三条の規定はいわゆる営業の自由を制限するが故に憲法二二条一項に違反するとの所論は採用し得ない」（最判昭三二・四・三刑集一一・四・一三一九）。

【15】「論旨は、公衆浴場法二条二項後段は、公衆浴場の設置場所が配置の適正を欠くと認められる場合には、都道府県知事は公衆浴場の経営を許可しないことができる旨定めており、また昭和二五年福岡県条例五四号三条は、公衆浴場の設置場所の配置の基準等を定めているが、公衆浴場の経営に対するかような制限は、公共の福祉に反する場合でないのに職業選択の自由を違法に制限することになるから、右公衆浴場法及び福岡県条例の規定は、共に憲法二二条に違反するものであると主張するのである。しかし、公衆浴場は、多数の国民の日常生活に必要欠くべからざる、多分に公共性を伴う厚生施設である。そして、若しその設立を業者の自由に委せて、何等その偏在及び濫立を防止する等その配置の適正を保つために必要な措置が講ぜられないときは、その偏在により、多数の国民が日常容易に公衆浴場を利用しようとする場合に不便を来たすおそれなきを保し難く、また、その濫立により、浴場経営に無用の競争を生じその経営を経済的に不合理ならしめ、ひいて浴場の衛生設備の低下等好ましからざる影響を来たすおそれなきを保し難い。このようなことは、上記公衆浴場の性質に鑑み、国民保健及び環境衛生の上から、出来る限り防止することが望ましいことであり、従つて、公衆浴場の設置場所が配置の適正を欠き、その偏在乃至濫立を来たすに至るがごとき

ことは、公共の福祉に反するものであつて、この理由により公衆浴場の経営の許可を与えないことができる旨の規定を設けることは、憲法二二条に違反するものとは認められない。なお、論旨は、公衆浴場の配置が適正を欠くことを理由としてその経営の許可を与えないことができる旨の規定を設けることは、公共の福祉に反する場合でないに拘らず、職業選択の自由を制限することになつて違憲であるとの主張を前提として、昭和二五年福岡県条例五四号第三条が、憲法二二条違反であるというが、右前提の採用すべからざること は、既に説示したとおりである。そして所論条例の規定は、公衆浴場法二条三項に基き、同条二項の設置の配置の基準を定めたものであるから、これが所論のような理由で違憲となるものとは認められない」（最判昭三〇・一・二六刑集九・一・八九）。

判例において問題とされたものは右のごとく僅かの事例に過ぎないが、営業を許可、免許、登録等にかからしめている条例は極めて多いために、営業の自由に関連して憲法上ないし法律上問題とされたものは少くない。

(6)　財産権　憲法二九条は、「財産権は、これを侵してはならない」とし、その内容は、「公共の福祉に適合するように、法律でこれを定める」としている。財産権に対する規制は、他の基本的人権と異なり、たとえ、公共の福祉の要請があるとしても、条例をもつてはこれをなしえず、専ら法律によらなければならないものと解される。

財産権に関して問題となつた判例としては、町国民健康保険条例において国民健康保険の強制加入制を定めたことが、国民の基本的人権及び財産権を侵害するものであるか否かを取扱つたものがある。

【16】「……しかし、国民健康保険は、相扶共済の精神に則り、国民の疾病、負傷、分娩又は死亡に関し保険給付をすることを目的とするものであって、その目的とするところは、国民の健康を保持、増進しこの生

活を安定せしめ以て公共の福祉に資せんとするものであること明白であるから、その保険給付を受ける被保険者は、なるべく保険事故を生ずべき者の全部とすべきことむしろ当然であり、また、相扶共済の保険の性質上保険事故により生ずる個人の経済的損害を加入者相互において分担すべきものであることも論を待たない。されば、本件のごとく、町民の代表者たる町議会が絶対過半数を以て決議し、県知事の認可を受けて適法に制定された小城町国民健康保険条例五条が、この町は、この町内の世帯主及びその世帯に属する者を以て被保険者とする（中略）と規定し原則として住民全部を被保険者として国民健康保険にいわゆる強制加入せしめることとし、また、同条例三一条が世帯主である被保護者は、町民税の賦課等級により保険料を納付しなければならないと指定し、被保険者中保険料支払の能力ありと認められる世帯主だけを町民税の賦課等級により保険料支払義務ある旨設定したからといって、憲法一九条に何等かかわりないのは勿論、この地の憲法上の自由権および同法二九条第一項所定の財産権を故なく侵害するものということはできない。……」（最判昭三三・二・一二民集一二・二・一九〇）。

財産権に関し、条例との関係において具体的に問題とされた事例は極めて多いのであるが、判例上においては右にみる一事例にすぎないので、法制意見に表われたこれにかかるものをもここに示して、その補足としたいと思う。

法制意見として問題とされたのは、県立公園条例中に、一般私有地を県立公園に指定して、その地域について、一定の公用制限を課する旨を規定したのが財産権との関係で合憲か否かが問われた事例であり、法制意見は、かかる事項を県条例で定めることはできないと解するとし、その理由として次のように述べている。

【17】「地方自治法第二条第三項によれば、普通地方公共団体は、「公園を設置し、もしくは管理し、又は

これを使用する権利を規制する」ことができるが、ここにいう「公園」に関する事務は、同条第二項の「公共事務」に属するものである。一般に、地方公共団体は、自己の所有権又は使用権を有する土地、建物等について、同条第三項第二号、第四号、第五号、第六号に掲げてある運動場、ドック、学校、病院等の営造物或いは公物を設置し、若しくは管理することができるのであつて、第二号にいう「公園」も、当該地方公共団体の所有権又は使用権を有する土地を「公園」とする場合を指すものと解せられる。故に所問の様に、それ以外の一般私有地を県立公園に指定して公法上の制限を加えることは、本号の直接規制する事項ではなく、従つて、本号に基いては所問の様な内容の条例を制定することはできないと解しなければならない。

凡そ、地方自治法には、地方公共団体が一般私有地を公園となすについての公用制限を直接規律している規定は存しないのであるが、ただこれに関係する規定として、第二条第三項第一七号があげられる。即ち「法律の定めるところにより、建築物の構造、設備、敷地及び周密度、空地地区、住居、商業、工業、其の他住民の業態に基く域地に関し、制限を設けること」という規定である。ここに本号が特に「法律の定めるところにより」と規定しているのは、本号が住民又は建築物及び土地等の所有者の権利を著しく侵害するものの故、直ちにこれらの事項を条例で定めることを許さないで、「法律の定めるところに」従つて行わせる趣旨と解せられる。何となれば、第二条第三項に掲げた条例制定の例示事項中、特に「法律の定めるところにより」と規定しているのは、本号を除いては、第一八号及び第二〇号に限られているが、第一八号は動産及び不動産の使用又は収用に関する事務であり、第二〇号は地方税、使用料等の賦課、徴収についての事務で、これらは第一七号と並んで、何れも私人の財産権に対する公法上の侵害の最も甚しい場合である。一般に、法令の規定がない場合には、地方公共団体は所謂「行政事務」として条例で規定できるのであるが、特にこれらの事項については、直ちに条例で定めることは適当でないので、必ず「法律の定めるところに」基いて行わせる趣旨の規定と解すべきである。

然るに、所問の条例案における公用制限の内容を見るに、それは大体において、右第一七号以外の事項を含むと考えられるが、それらの事項についての公用制限も、第一七号の列記事項に関する制限とほぼ同様の性質をもつもの故、やはり第一七号に準じて「法律の定めるところにより」行うべきであると解するのが妥当である。況んや、条例中、「工作物の新築、改築又は増築」の様な本号の該当事項に関する制限が、「法律の定めるところに」よらなければならないことは尚更である。ところが、公園に関する法律としては、国立公園についての公用制限を規定している国立公園法はあるが、県立公園に関しては、このような事項を規定する法律は何等存しないのである。

故に、所問の場合には、県が一般私有地を県立公園に指定して国立公園法と同内容の公用制限を加えることはできないと解せられ、従って右に関して条例を制定することもできないといわなければならない」(昭二四・三・二六福岡県知事あて法務調査意見長官回答法務総裁意見年報二巻一〇頁)。

(三)　条例における「公共の福祉」の意義　条例について基本的人権の制約に関し判例及び法制意見上問題とされた事例は右のごとくであるが、特に判例上問題となつたのは、これにかかる問題が現実には極めて多く発生し、問題とされている中の一部分にすぎず、しかも限られた一側面に偏したものにすぎないのである。しかして、これらの問題、特に未だ判例上明確になつていない問題を検討する場合に、「公共の福祉」の要請を如何に解釈するかが合憲か否かを決する鍵であり、その基準に関しては、既述のごとく、法令についての場合と何等変りがないが、特に注意すべきことは、条例の場合は、往々にして「公共の福祉」が「地方的利益」と同意義に解せられ、更に、その「地方的利益」なり、あるいは「地方産業の振興」の名の下に、一部特定者の利益保護や特殊産業の育成等がはかられている場合がありうることである。従つて、基本的人権と公共の福祉の関係については、その実態を把握し正しいあり方を十分に検討すべきである。

二　条例制定権の範囲と限界

憲法九四条は、「地方公共団体は、……法律の範囲内で条例を制定することができる」とし、地方自治法一四条一項は「普通地方公共団体は、法令に違反しない限りにおいて第二条第二項の事務に関し、条例を制定することができる」ものとしている。これは、すでに述べたごとく、条例制定権の根拠であると共に、その範囲と限界を定めたものである。

条例制定権の根拠は、憲法自体に存することは前述のごとくであるが、条例がいかに自主法であるとしても国から与えられた自治権に基く地方公共団体の法である当然の結果として、その制定の範囲は、国家法たる法律、政令等との関連において一定の制約を受けることを免れない。そこに条例制定権の範囲と限界の問題が存する。憲法九四条に「法律の範囲内において」といい、地方自治法に「法令に違反しない限りにおいて」というのは、正にこの条例制定権の範囲と限界を示すものである。

(一)　憲法九四条にいう「法律の範囲内で」の意義　　憲法九四条において、条例を、「法律の範囲内で」制定することができるとしているのは、一般的には、条例の効力、条例の規定事項等は法令によつて制限され、条例の制定手続は法律によつて定められることを意味するものである。すなわち、条例は、法律のほかに法律と並んで存する法規たる定めではなく、法律の下に、法律の認める範囲内において認められるもので、条例の効力は法律に劣り、その規定する事項は法律に違反しえないものである（宮沢・日本国憲法七七一〜二頁、法学協会・註解憲法一四〇三頁、俵・条例一八一頁、原「条例と規則」二八六〜七頁、佐藤（功）・憲法五五九頁）。条例制定権の根拠は、既に屢々述べたごとく、法律にあるのではなく、あくまでも憲法自体に存するのであり、かつ、地方自治の本旨を実現する上からいつて、その規定事項は、法律と抵触しない限りにおいて、広く地方公共団体の事務全般に及ぼさしめなくてはならない。

地方自治法は、憲法のこの規定を承けて、条例の効力、条例の規定事項、条例の制定手続等を定めている。地方自治法は、条例に「法令に違反しない限りにおいて」制定することができると規定し、条例は、単に法律に違反しえないのみでなく、法律以外の国の命令にも違反しえないとする。しかしこの点に関しては、憲法と地方自治法において、文理上は「法律」と「法令」との差異があるが、法理上は同意義に解すべきであり、憲法の規定についても、条例は、国の「法律」のみならず広く「法令」に違反しえないものと解すべきであろう。

憲法にいう「法律の範囲内で」や地方自治法にいう「法令に違反しない限りにおいて」は、法令と条例との関係を示すものであり、それは、抽象的・一般的にいえば右のようであるが、個々具体的な問題として論議される場合には、その態様が複雑であり問題とされるところが少なくない。すなわち、条例が、国の法令と正面から衝突し、矛盾抵触する場合（たとえば、道路交通取締法で右側通行と規定しているのに、条例で「当市内では、人も左側を通行しなければならない」とする場合等）は、明らかに憲法なり地方自治法なりに違反することは疑いをえないが、実際上問題とされる事例においては、しかく明らかではなく、その態様も異なるから公式的に割り切れるものではない。そこで、以下法令と条例との関係を、少しく詳細に類型的に分析してみることとする。

（二）　法令と条例との関係　法令と条例との関係をみるに、条例で規制しようとする事項について、法令の規定がない場合と、法令の規定がある場合とに分つて検討を加えることが必要であろう。

先ず、条例で規制しようとする事項について法令の規定がない場合についてみるに、その第一は、従来も何ら法令の規定もなく現在も規定のないもの――たとえば、種畜の検査、ふ卵業者の取締、騒音防止等にかかる事務等――については、行政事務条例をもつてこれを規制することは何等差支えない（畜検査条例、騒音防止条例等）。第二は、従来は法令により規制されていたが、現在は何ら規制のないものに関しては、当該法令が廃止された趣旨が、制定しようとしている条例の趣旨と異なるもの――たとえば、馬籍法の廃止（軍馬徴用の必要がなくなつたため廃止さる）と牛馬籍条例の制定等――については、行政事務条例の制定も可能というべく、また、当該法令廃止の趣旨が、法令の規定の必要なしと認めたものについては、更に場合を分けて、国全体として凡そ法規範をもつて規制する必要なしとして法令を廃止したものは、行政事務条例をもつてしても規制は不可能である――たとえば、刑法改正により姦通罪は廃止されたが（昭二二法一二四）、ある地方公共団体で姦通が多く発生してもこれを取締る条例（たとえば、姦通をしたものに刑罰を科するとする条例）を制定することはできない――のに対し、国として全国的統一的に規制する必要はないと認めて法令は廃止したが、地方特殊の事情から規制することは自由としたものについては、行政事務条例の制定は何等支障がないものと思われる。条例で規制しようとする事項について法令の規定がない右の場合については、判例上問題となつた事例は今までには存しない。

次に、条例で規制しようとする事項について法令の規定がある場合については、これを更に次の四つの類型に分けて考えなければならない。

その第一は、法令と対象、目的、事項のすべてを一にする分野についての条例の規制についてである。この場合、条例をもつて法令と全く異なる規制(たとえば、前述の道路交通取締と左側通行の条例の場合)をなしえないことは固よりのことであるが、条例をもつて法令以上の規制をなすこともまた法令以下の規制をなすこともできないと思われる。条例をもつて法令以上の規制をなすことができないことを示した法制意見があるのでこれを引用することとする。法制意見は、食品衛生に関する条例について一定の定めをすることができるか否かを論じ、「普通地方公共団体の条例で、食品衛生法の適用を受ける食品又は添加物について厚生大臣が定めた基準・規格より高次の基準・規格を定めること、省令で指定する以外の食品、添加物等について製品検査を行うこと及び厚生大臣が許可営業と定めたもの以外の業種を許可営業とすることは差し支えないものと解する。」とし、その理由として、次のように述べている。

【18】「食品衛生法第七条第一項は、厚生大臣に対し、販売の用に供する食品又は添加物について、その製造、加工、使用、調理若しくは保存の方法に関する基準又はその成分に関する規格を定める権限を与えており、これに基いて厚生大臣は、昭和二三年七月一三日厚生省告示第五四号をもつて、一定の食品及び添加物について基準・規格を定めている。ところが、この告示によつて基準・規格を定められた食品は、牛乳及び乳製品、清涼飲料水及び保存飲料水等ごく一部の食品にすぎず、又その添加物も調味料、著色料、漂白料等の一部にすぎないのであつて、この外に基準・規格の定められない多くの食品及び添加物があるわけであるが、ここに掲げられた食品及び添加物については、かなり厳密で詳細な基準・規格が定められているところから考えると、少くとも右の告示により基準・規格を定められた食品及び添加物は、その基準・規格を具え

ている限り、衛生上有害ではないと認められたものであつて、法律はこの基準・規格をもつて必要にしてかつ十分な——国内を通じて——規制であるとしているものというべく、従つて、これ以上の基準・規格を定めることは許さない法意であると解するのが相当である。すなわち、地方公共団体が右の食品又は添加物について、厚生省告示に定められた基準・規格より高度の基準・規格を定めることは、食品衛生法第七条がこれを許していないものというべきであるから、このような基準・規格を条例で定めることは、法令に違反するといわざるを得ない」（昭二五・二・一六厚生省公衆衛生局長あて法制意見第一局長回答、法務総裁意見年報三巻一号八四頁）。

条例をもつて国の法令以下の規制をなすことについては、一般的にはなし得ないものと解するが、法の趣旨が、国全体としては一定の線まで取締ることとし、それ以下の規制は各地方の自由としているものにかかる条例（たとえば、水道法の適用を受けない水道につき水道法に規定する基準を超えない範囲内で水道施設の布施及び管理の適正を図るために条例を制定する等）については差支えない。

第二に、制定しようとする条例が法令と目的（趣旨）又は対象を異にする場合であるが、これに関しては、更に場合を分けて考える必要がある。すなわち、先ず、法令と対象を一にするが目的ないし趣旨を異にするものについてであるが、これに関しては、原則として、条例の制定は自由である。たとえば、飼犬の取締のために飼犬取締条例を制定することは、狂犬病予防法とその趣旨を異にするから何等差支えない。この点に関し、必らずしも適切な事例とはいいがたいが、判例上問題とされたものに金属屑業条例と未成年者の法律行為能力に関する民法四条・五条の規定とをめぐるものがある。

【19】「同条例一〇条について検討しても、同条は金属屑業者に対してその営業を制限したもので、該規定自体が未成年者の法律行為能力に関する民法四条、五条と抵触しているとは認められない。その故に、同条は地方自治法二条、一四条に違反し無効であると認めるべき理由はない」（最判昭三二・四・三刑集一一・四・一三一九）。

次に、法令と趣旨ないし目的は同一であるが、その対象を異にするものについてであるが、これに関しては、当該法令の趣旨がその隣接分野をも考えて、その中一定事項のみを取上げたことが明らかである場合は条例の制定権はなく、法令の趣旨が、当該事項及びその隣接の分野中当該事項のみを全国的規制の必要ありとして取上げ、他は規制の自由を認めたことが明らかである場合は条例の制定権ありとするのが至当であろう。たとえば、農産物検査法がその対象としていない農産物については、同法と趣旨・目的を全く一にする農産物検査条例の制定は何ら差支えなく、ふぐの調理を行う者について規制するふぐ調理士条例の制定は、調理師法との関係を勘案してもその対象を異にするから、可能であるというべく（ふぐ調理師は、一般の調理師に比してより高度のしかも特殊な技能を必要とするから「ふぐ」の生産県等においては、調理師法の制定にも拘らず、単行条例を制定している）、また、過年世上注目をひいた深夜喫茶取締条例制定の可否論も、風俗営業取締法との関係で特に問題とされたが（政正前の風俗営業取締法が深夜喫茶について沈黙していたのは、同法の制定当時は、風俗営業として取締の対象とするものは差当りその第一条に掲げられたものに限って一応の目的を達成しうるものとし、他については白紙の態度をとっていたためである）、右の建前からも制定しうるものと思われる（佐藤（功）「地方立法の限界」都市問題五〇巻一号七〜九頁、佐藤（達）「条例と法律との関係」時の法令二九〇号四七頁）。

右に関連して、法令と条例との関係で判例上最も問題とされているものは、法令の規定の細則的事項を定めた条例と当該法令との関係に関してであるが、その多くは、いわゆる委任条例に関してである。その一は、公衆浴場法とこれに基く公衆浴場法施行条例との関係についてであり、判旨は、当該条例の規定は、公衆浴場法二条の範囲内で、例外を認める余地を残しているか、又は、同法が例外的に不許可とする場合の細則を定めたものに過ぎないから合憲であるとするものである。

【20】「右条例は、公衆浴場法二条三項に基き、同条二項で定めている公衆浴場の経営の許可を与えない

場合についての基準を具体的に定めたものであつて、右条例三条、四条がそれであり、同五条は右三条、四条の基準によらないで許可を与えることができる旨の緩和規定を設けたものである。即ち右条例は、法律が例外として不許可とする場合の細則を具体的に定めたもので、法律が許可を原則としている建前を、不許可を原則とする建前に変更したものではなく、従つて右条例には、所論のような法律の範囲を逸脱した違法は認められない」（最判昭三〇・一・二六刑集九・一・八九）。

【21】「公衆浴場法第二条第三項は、公衆浴場の設置の場所の配置の基準について、包括的に都道府県の条例に委任しているに止まり、何等の制限をも明示していない。そして、前記福岡県条例は、その第三条において、既に許可を受けた公衆浴場から市部にあつては三百メートル（昭和二十七年福岡県条例第三十一号により二百五十メートルに変更）、郡にあつては四百メートル（同条例により三百メートルに変更）の直線距離内においては、原則としてあらたな公衆浴場の経営を認めぬものとしているがあらゆる場合に右の劃一的な基準を固執することなく、第五条において、地形、人口密度その他特別の事情があるとき、右の基準によらないで営業の許可を与えることができる余地を残しているのである。従つて、右条例の規定は、決して公衆浴場法第二条による授権の範囲を逸脱したものではない」（福岡地判昭三〇・二・二行政例集六・二・三七九）。

その二は、風俗営業取締法とこれに基く風俗営業取締法施行条例との関係についてであり、同法三条が「風俗営業における営業の場所、営業の時間及び営業所の構造等」についての必要なる権限を条例に委任しているが、この委任の範囲に関して問題とされたものである。

【22】「風俗営業取締法第三条は「都道府県は、条例により、風俗営業における営業の場所、営業時間及び営業所の構造設備等について、善良の風俗を害する行為を防止するために必要な制限を定めることができる。」と規定し、必ずしも、都道府県条例による善良の風俗を害する行為を防止するために必要な制限の範

囲を右列挙にかかる風俗営業における営業の場所、営業時間及び営業所の構造設備のみに限定しているものでないことは、同法条の規定の体裁からも、また同法がその取締の対象となるべき行為の内容については特にみずから具体的にこれを規定せず、法令又は同法第三条に基く都道府県の条例に違反した行為と規定し、法令には触れなくとも、なお善良の風俗を害する虞のある行為を防止する必要を認め、これに必要な制限を都道府県条例の規定するところに委し、これによつて取締の実を挙げようとしたこと、その他同法全体の規定の趣旨からも窺い得るところであつて、第十八条第一号は遊技場（風俗営業取締法第一条第三号の営業）の営業者又は従業者に対し、と博に類似する行為、その他著しく射倖心をそそるような行為をなすこと、又はさせることを禁止するものであり、まさに風俗営業取締法第三条の規定の趣旨に添うものであるから、何らこれを無効とすべき謂れは存しない」（東京高判昭三〇・五・七刑集八・四・五三〇）。

【23】「風俗営業取締法三条は、所論のように狭義に解すべきではなく、都道府県がいわゆる風俗営業の場所、営業時間及び営業所の構造設備のみならず、広くこの種営業に関し、善良の風俗を害する行為を防止するために必要な制限を、条例を以て定め得ることを規定したものと解するを相当とするから、所論長野県風俗営業取締法施行条例一八条一号において、遊技場（右取締法一条三号の営業）の営業者又は従業者が賭博に類似する行為、その他著しく射倖心をそそるような行為をし又はさせてはならない旨を定めたからとて、これを目して右取締法三条所定の範囲を逸脱したものということはできない」（最判昭三〇・一二・八刑集九・一三・二六二二）。

その三は、地方税法とこれに基く県税賦課徴収条例との関係についてであり、その委任の範囲に関して問題とされたものである。

【24】「旧地方税法三六条において、「地方団体は、左に掲げる税目については、その徴収の便宜を有する者をして、これを徴収させることができる」と定め、その二号に「入場税、入場税附加税」を挙げているので、所論県条例六八条は、この法律の委任に基き、「地方税法七五条一項に定める催物又は設備の主催者又

は経営者を徴収義務者」と定めたのであり、また所論市条例二六条は、前記「本税の特別徴収義務者を徴収義務者」と定めたものである。次に所論県条例二七条二項は、旧地方税法七五条の法律委任に基き、「大衆に入場無料で公開するもので、寄附金又は花が入場料又は利用料の性質を帯びていないと認められるもの」(同項但書)を除いて、「主催者若しくは経営者が入場又は設備を利用する者から寄附金又は花を領収する場合は、その寄附金品又花は、税込の入場料又は利用料とみなす」と定めたものである。それ故、所論の違憲はすべて前提を欠くものである」(最判昭二八・四・三〇刑集七・四・九〇九)。

第三に、制定しようとする条例に関し、法令の定めはあるが、その規定が不備である場合に関してである。一般に法令が当該事務を国の事務として取上げたとみる場合、法令に不備があつたとしてもこれを条例で補うべき限りではないが、その不備によつて行政上著しく支障が起りうる場合は、条例をもつてこれを補うことも可能と思われる。これにかかる事例をみれば、たとえば、火薬類取締法に除外されている玩具用普通火工品を規制する玩具用煙火取締条例の制定は可能とみられ、家畜伝染病予防法の改正前の同法による牛のブルセラ病予防の指導と家畜防疫委員に対し烙印を押す権限を与えようとする牛のブルセラ病予防に関する条例制定の可否は問題であり、また、押売防止は刑法の不退去罪(刑法一三〇条一項)又は脅迫罪(同二二二条)をもつて取締ることも可能であるが、より強力にこれを取締るために押売防止条例の制定も可能なるものと思われる等がこれである。この場合に該当する判例は現在のところ見当らないもののごとくである。

第四に、制定しようとする条例が、法令の規定自体としては問題がなくとも、当該法令の趣旨に反するものは制定することができない。たとえば、家畜取引法及び家畜商法の趣旨は、家畜取引を原則として自由とし、家畜市場において取引する場合についてこれを規制しようとするものであるが、これに対して、家畜のうち子畜の取引を家畜市場に限るとする行政事務条例（たとえば子畜取引取締条例又は子畜検査条例としてかかる規定を設定しているもの）の制定は、法の趣旨又は建前に反するものとして不可能であると思われる。

また、法令の規定のみでは必らずしも明らかでないが、その趣旨及び解釈上から法令に反すると思われる条例は制定することができないことは、右の場合からみても明白である。この点に関しては、教育公務員特例法一四条二項の趣旨と解釈をめぐつて問題とされた判例がある。判旨は、結核性疾患で休職中の教員に対し一般教員より低額の期末手当を支給すべき旨を定めた条例は、年少者教育に従事する者に十分に療養の機会を与えて完全な治癒をうけさせる必要があるため早期に休職させて療養につくさせる法の趣旨からいつて、教育公務員特例法一四条二項に違反するとしている。

【25】　「特例法第十四条によれば校長および教員にして結核性疾患のため長期休養を要し休職となつたものは休職期間中その給与の全額をうけることになつているが、この規定の設けられた所以は教育公務員は他の公務員と異りその職務の性質上結核性疾患にかかる場合が多いのであるが、右疾患に罹患したものを年少者の教育に従事させることは、これら被教育者に対する感染の虞が甚だ大きいので速かに休養をとらせて充分に療養の機会を与えて完全な治療をうけさせる必要があるため早期に長期間の休職をさせて療養を尽させるようにしたのであるが、その休職の故にうけるべき給与の減額等があつては充分な休養をし治療をうけるに支障があるばかりでなく、早期に休職させねばならない関係から特例を設けてその受ける給与にはなんら変りなく全額を支給しようとするのであつて、従つて特例法第十四条第二項にいう「給与の全額を支給する」とは一般の休職者でない学校職員と同額の給与を支給する旨を定めた規定であると解すべきであり、被告主

張の特例法第二十五条の四・同条の五の各規定は右給与原則に反する条例の定めをなすことを許したものとは考えられないので、条例によつて特例法第十四条第二項に反して結核性疾患による休職学校職員に対してその給与たる期末手当につき他の一般学校職員と異なり、これらの者に支給すべき割合と異り少い割合を定めてより低額の期末手当を支給することと定めることは許されないものといわねばならない」（札幌地判昭三一・一一・二八下級民集七・一一・三四二一）。

条例の制定の範囲と限界に関し、法令との関係において更に問題とされなければならないのは、一つには、条例の制定が当該地方公共団体の事務に限られることである。地方自治法一四条に「地方公共団体は、……第二条第二項の事務に関し、条例を制定することができる」と規定されているのは、これを示す謂である。この点に関して特に問題となるのは、国の事務との関連に関してである。すなわち、国の事務であることが明白である場合は問題でないが、国の事務であるか地方公共団体の事務であるかが、しかく明らかでない場合に問題となる。その一は、当該事務が国の事務であるか地方公共団体の事務であるかが分明でなく、かつ、これに関し法令の規定がない場合である。判例上問題とされたものは、風紀取締条例に関する事例である（風紀取締条例も内容的には売春取締条例と同一である。なお、現在は、売春防止法が制定されているから、かかる条例の制定は許されない）。

【26】「横須賀市が同市議会の議決を経て昭和二十六年十二月二十一日売春に関する諸行為を取締ることにより善良の風俗を維持し社会秩序の健全な発達を図ることを目的として同市条例第七十三号をもつて本件風紀取締条例を制定公布施行しその第三条において売春を禁止し売春をした者又は約束した者に対し六月以下の懲役又は二万円以下の罰金若しくは拘留に処する旨を規定し又その第七条において売春の情を知つて場

所を提供し、又は提供の約束をした者に対し一年六月以下の懲役又は五万円以下の罰金若しくは拘留に処する旨を規定していることは、なんら憲法第九十四条地方自治法第二条第十四条に違反しないことは勿論憲法第三十一条に違反するところもない。所論はひつ竟地方自治法第二条にいう「事務」という概念に関する独自の見解に基き本件条例は違憲であると主張するに帰し到底採用することはできない」（東京高判昭三一・五・一四特三・一〇・五三二、東京高時報七・五・一九七）。

【27】「右憲法及び地方自治法第二条及び第十四条の規定するところによるときは、地方公共団体は、前示自主立法権に基き法令に違反しないかぎり地方自治法第二条第三項に例示してあるが如きその区域内における自己の利害に関係ある事項である以上、たとえその事項が、一面国民全体の利害に関係があるとしても、同条第六項において専ら国の事務としているような事項を除き、これが事項に関し、条例を制定し得ることが明らかである。されば、横浜市風紀取締条例の規定する事項が、横浜市の利害に関する事項に属し、専ら国のみの利害に関する行政事務ないしは、警察法の規定しているような国家警察の組織や運営事務自体に関するものでないことは、その各規定の内容自体に照らし自ずから明白であるからその事項が、国の行政事務に属する事項であるとの理由を前提として右条例の無効を主張する所論は採用し難い」（東京高判昭三一・一二・一七刑集九・一二・一二七〇、特三・二四・一二二八、東京高時報七・一二・四七八）。

その二は、通常は国の事務と考えられている事項について法令の規定がない場合に関してである。たとえば、経済統制や労働関係は、一般的には国の事務であると考えられているが、戦後の経済統制が広く行われていた時期にも、経済統制については必らずしも全種目に関して統制されていたとは限らないから、個々の法令によつて統制の対象とされていないものについては経済統制のための条例の規定もまた可能であると思われる。蓋し、旧臨時物資需給調整法は、統制はすべて国の事務であるとし、かつ、その統制をうけない物資について地方的統制を禁ずる趣旨ではないと解せられるからである。この点に関し、判例上問題とされたものはないが、法制意見として示されたものの中に参考となるべきものがあるから引用することとする。

【28】「三椏、楮等の集荷、配給及び移動については、三椏、楮等配給規則が廃止されている現在においては、これを統制すべき国の法令は全く存在しないが、三椏、楮等配給規則が廃止されたのは、国としてかかる物資の統制の必要がなくなつた事情によるものであつて、これらの物資につき地方公共団体がその地方的特殊事情により統制の必要を認めてこれに関して規制をなすことを妨げるものではない。又物資統制の基本法たる臨時物資需給調整法も、その統制を外している物資について地方公共団体による統制を全く禁じている趣旨とは解し難い。従つて、お尋ねの条例に定めている三椏、楮等に関する統制の事務は、いずれも、地方自治法第二条第二項にいう「その区域内におけるその他の行政事務で国の事務に属しないもの」にあたるのであつて、これらの条例は右例項の規定には違反しないものと解する」(昭二四・九・七公正取引委員会事務局長あて法制意見第一局長回答法務総裁意見年報二巻二三九頁)。

その三は、自然犯に属するものについて地方公共団体の条例制定権ありや否やの問題である。具体的には、売春取締条例や押売防止条例が論議の対象とされる。この問題に関しては、判例上問題とされたことはなく、また政府等の統一解釈もないが、一般的には、二つの説があるとされている。先ず一は、自然犯に属するものについても条例の制定権ありとする説であり、これによれば、自然犯という観念自体相対的なものであり、刑法及びその他の刑事法規の対象とされている犯罪以外の犯罪をも自然犯として取締るべきものがあるから、地方の実情に応じて治安の維持、風俗の淳化を図るべきであるとする。二は、逆に制定権なしとする説であり、この説によれば、自然犯にかかる事項は本来司法に関する事務であり国によつて独占されるものであるから凡そ地方公共団体の処理すべき事務の範域外にあるものであるとする（地方自治法二条九項）。ただこの論者も、売春取締条例や押売防止条例の制定については、これを自然犯ないし自然犯的なものとして制定を許さずと説くものと、これらの自然犯性を否定し（前者は日本特有の現象であり、後者は一種の行政的な営業規制であり、いずれも自然犯ではないとする）、制定も可能なりと説くものとがある。

次に、条例と法令との関係において問題とされるのは、法令が改廃された場合、旧法の下においてこれに基いて制定された条例が新法の下において効力を有するか否かについてである。判例にあらわれたものの一つは、地方税法とこれに基く町民税賦課条例の規定に関してであるが、判旨は、旧法下の条例であつても、新法における町民税賦課に関する規定の趣旨が実現できるものである以上無効と解すべきではないものとしている（福島地判昭二五・五・一七行政例集一・四・五九〇）。

判例にあらわれたものの第二は、旧道路交通取締令の下において制定された県規則による二輪自転車の二人乗り禁止規定の新道路交通取締法施行令の下における適法性に関してであるが、判例は、第一審においては、旧令下の規則は、旧令の廃止によつてその根拠を失い、新令下における二人乗禁止規定は制限付でなければならないが、当該規則中に定められた禁止規定は一般的禁止であるから、違法であるとし（国東簡判昭三〇・一・二四判例時報四八・二八）、第二審においては、旧令に基く規則も、その廃止後は、新令の附則により新令に基いて制定されたとみるべきであるから適法なりとしている（福岡高判昭三〇・四・二一刑集八・三・三四三）。

㈢　府県条例と市町村条例　国の法令と条例との関係は、右にみたごとく両者の間に優劣関係が存し、条例は「法令に違反しない限りにおいて」のみ制定を許されるのであるが、都道府県条例と市町村条例との間には、かかる優劣関係は、一般的には存しない。蓋し、都道府県と市町村とは、その性格は異にするが、共に独立した地方公共団体であり、所管事務も自ら異なり、その間に原則として優劣関係は存しないからである。しかしながら、行政事務条例に関しては自ら異なり、市町村行政事務条例は都道府県行政事務条例に違反して制定することはできず、もし違反して制定された場合は、当該市町村行政事務条例は無効である。すなわち、行政事務条例のうち、いわゆる統制条例（地方自治法一四条三項）に関しては、地方自治法一四条四項に「行政事務に関する市町村の条例が前項の規定による、都道府県の条例（統制条例を指す）に違反するときは、当該市町村の条例は、これを無効とする」と明文をもって規定しているが、統制条例以外の一般の行政事務条例についても、司法二条一四項に「市町村及び特別区は、当該都道府県の条例に違反してその事務を処理してはならない」とし、かつ、当該市町村条例の無効を示している（同法二条一五項）。蓋し、行政事務条例は、住民の権利自由を規制するものであるから、都道府県と市町村の間に、所管事務の競合が起り、従って、同一事務に対しては、必然包括的団体たる都道府県条例の優位が認められるのを至当とするからである。

都道府県条例と市町村条例との一般的関係については右のごとくであるが、具体的な場合についてみれば、市町村行政事務条例の規定事項の範囲とその限界に関して問題とされるところが少なくない。しかして、どの範囲までを適法とするかの基準に関しては、概ね、法令と条例との関係について述べたところによるべきであると思われる。判例上問題とされたのは二件であり、いずれも売春取締に関する条例に関するものであるが、一は、市条例の禁止事項が県条例のそれに競合抵触するものとしてその無効を主張しているが、他は、県条例と市条例とは禁止制限の側面が異なり、市条例は県条例の立法精神に反しないとして、その有効性を判示している。

【29】「いかなる場合に市町村(以下単に市と略称する)の条例が都道府県(以下単に県と略称する)の条例に違反するかにつき考えると、(一)県条例が特定行政事務につき条例の制定を禁止し、若しくは県条例の規定に反する条例を制定することを禁止する場合、(二)県条例が一定の制限乃至は条件を設けているにかかわらず市条例が該制限乃至は条件を排除した規定を制定した場合、(三)市条例の規定が某県条例の精神に反する場合、以上の場合にはじめて市条例が県条例に違反するものというべく……。小倉風紀取締条例(以下小倉市条例と略称する)と……福岡県風紀取締条例(第六条は昭和二十七年七月十日から施行、以下県条例と略称する)を彼此検討すると両条例はいずれも売春の取締を目的として規定されていることが明かであると共に県条例には売春をした者又はその相手方となつた者に対する規定がないのに、市条例第三条は「売春した者又はその相手方となつた者は五千円以下の罰金若しくは拘留に処する。常習として売春した者は六月以下の懲役又は二万円以下の罰金に処する」旨規定しているのであるが県条例においては、「(一)売春行為自体を市条例を以て規定することを禁止していない。又(二)売春行為自体に関する諸行為を取締ることにより善良の風俗を維持し、社会秩序の健全な発達を図ることを目的とする」旨規定しているのみならず、同条例の各規定に徴すると、前掲小倉市条例第三条の規定が福岡県条例の立法精神に反する点は毫も認めることはできない。由是観之小倉市条例第三条の規定は福岡県条例に違反するものということのできないことが明かである。……県が特定の行政事務について、県一般にその取締を禁止する条例を制定しない限り、これを県がその行政事務として取上げていない場合は勿論、取上げている場合であつてもその規定の不備のため確実にその行政目的を達成することができない場合これを補完するため、その規制範囲の外にある部分について、これを市の事務とし、市がその特殊事情に即した自治立法権の発動をなし得るものと解するのが相当である……。しかして、本件は

県条例が売春行為自体に対し取締を禁止する旨の明文の規定を設けない場合であるから以上説示の見地によると、本件は県がその事務としてこれを取上げていない場合か又は取上げているとしても規定不備のため確実にその取締目的を達成しない場合に該当することが明かであるから市はその独自の立場において、県条例の規制範囲外である売春行為そのものの取締を自己の事務として取上げ必要に応じこれに関する条例を制定し得るものと解さなければならない」(福岡高判昭二七・六・二七特一九・一〇一)。

【30】「市条例第四条は……、何れも公共の場所における売淫の目的を以てする勧誘行為を禁止する趣旨の規定であり、只その勧誘の手段につき市条例は原判決の指摘する通り他人の進路に立ちふさがり又はその身辺につきまとい若しくは之に類する方法をもつて他人の交通を妨げたり、他人に迷惑を感ぜしめ或は困惑させるような仕方、その他善良の風俗を害するような振舞によつて勧誘する行為を処罰するにあるに反し、県条例はいやしくも前示場所における勧誘行為一切を禁止処罰する目的を以て制定した条例であることは右両条例の条文自体及び当審において取調べた証人……の証言により認められる条例制定の目的経過により明らかである。而も地方自治法第二条第十一項、第十二項、第十四条第三項、第四項によれば、市条例は県条例に違反する限り之を無効とすべきであり本件市条例第四条と本件県条例第一、二条の競合部分がこの関係にあること明白であるから原審が右市条例の有効な存在を前提として被告人の右所為が市条例に違反しないものと認定して無罪を言渡したことは法令の適用を誤つたものといわねばならない」(東京高判昭三一・六・二八高裁特報三・一三・六五六)。

府県条例と市町村条例との関係で更に問題となるのは、統制条例と調整条例に関してである。統制条例とは、都道府県が、市町村の行政事務に関し、必要な規定をなすものであり(地方自治法一四条三項四項)、これに基いて市町村の条例が制定せられるのを常とする。それは、本来当該事務を市町村自体が処理すべきものであるが、それがある程度広域性をもち、かつ、住民の権利、自由を規制する権力的作用を営むものである以上、市町村ごとにまちまちになることは適正でないから、これを都道府県ごとに統一せしめようとする要請に基くものである。それは、都道府県が市町村に対する包括団体である性格に鑑み、市町村に対する都道府県の調整機能を認めたものである。

統制条例に関する法律上の問題は、種々考えられるのであるが、現実には統制条例として数えられるものが殆んどなく、従つてこれによつて起る問題もあまりみられない実態である。判例上も、統制条例自体に関する問題は皆無であるばかりか、統制条例の存在理由とその功罪が俎上にあげられている現状であるから、ここにおいては問題の所在のみを示すに止めることとする。

統制条例と制度上類似するものに調整条例がある。これは、東京都において「特別区の事務について特別区相互の間の調整上必要な規定を設ける」ために制定される都の条例であり、この下に各特別区において特別区の条例が制定されることとなる（地方自治法二八二）。これは、都の下部機構である特別区の性格に鑑み、特別区自体は団体であるとしても、一定の事務については、特別区相互間においてその事務処理に関し均衡を保つ必要から、調整統一の役割をもつて制定されるものである。

調整条例としては、「特別区の行う印鑑登録及び印鑑証明事務の調整に関する条例」がありこれに関しては、判例上問題とされたものが一件存する。固より、それは調整条例の調整機能自体にかかるものではないから、ここに挙げることは必らずしも適当ではないが、参考までに、付記することとしたい。

【31】　「昭和二十三年二月十九日都条例第二十号東京都印鑑条例（以下単に旧印鑑条例という）には、昭和三十一年五月二十五日制定同年七月一日施行の東京都練馬区印鑑条例（以下単に新印鑑条例という）第八条

のような規定は存しなかつたので、ゴム印や三文判のような照合困難と認められる印鑑（旧印鑑条例第十条第一項）をのぞいては、届出人の印鑑であることが認識できる程度に表示された印鑑であればその登録を拒否できなかつたのである。……原告の印鑑がローマ字で表示されているとの理由でその届出を拒否することはできなかつたものというべきである。しかし東京都内における印鑑事務に関しては昭和三十一年四月一日東京都条例第三十号「特別区の行う印鑑登録及び印鑑証明事務の調整に関する条例」（以下単に調整条例という）により旧印鑑条例は廃止され、新印鑑条例が制定されたのであるが、調整条例第四条第一号、新印鑑条例第八条第一号には、戸籍簿または住民票に記載されている氏名、氏、名または氏及び名の一部を組合せたものであらわされていないもの（名については漢字、平がな又は片かなに替えられているものを除く）による印鑑は登録することができないと規定し、戸籍簿または住民票に記載されている文字以外で表示された印鑑は登録できないこととしたから、ローマ字で表示された印鑑は右規定によつて登録することができなくなつたのである」（東京地判昭三三・五・二九行政例集九・五・一〇六五）。

（四）　条例と規則との関係　憲法上条例という場合には、広義の条例を指し、地方公共団体の議会がその議決によつて制定する「条例」（狭義の条例）の他、地方公共団体の長がその権限に属する事項について制定する「規則」の二種をも含むことについては、すでに述べたところである。条例制定権の範囲と限界について考える場合、広義の条例に関しては、専ら憲法及び法令との関係及び都道府県条例と市町村条例の関係とが問題とされるのであるが、狭義の条例についてこれを考えれば、必然、条例（以下狭義の条例を指す）と規則その他の規程（以下「規則」と総称する）との関係が問題となるのである。

条例と規則との関係についてその規定事項の範囲と限界とに関しては、一般に、制約説、無制約説、折衷説の三説があるとされている。制約説とは、条例は規則と並んだ自主立法の一形式であり、両者は議会の議決を経るか否かの制定手続上の差異以外に性質上の差異はない。しかるに、地方公共団体の議会の議決事項は列挙的であつて必らずしも無制限でないから、その権限の範囲内に属する事項についてのみ条例は制定しうるものとする（長野士郎「条例の限界について」自治時報二四・五）。無制約説は、法令の規定により普通地方公共団体の長の専属的権限に属する事項以外の事項はすべて条例をもつて制定するものとし、規則事項は法令によつて限られたもののみとする（入江俊郎他・逐条地方自治法提義、藤井貞夫「条例規定事項と規則規定事項」自研二五・五、磯崎辰五郎「地方自治法における条例と規則」都市問題研究三、柳瀬良幹「条例と規則」季刊法律学七）。折衷説は、法令の規定等により明らかに議会又は長の権限に専属されているものは、各々条例又は規則事項であるが、これ以外は何れの方法によるも自由であるとするものである（北原良雄「条例の規定事項について」都市問題研究一）。

条例と規則の関係については問題となる点が多く、特に、条例事項か規則事項かについてまぎらわしい場合が少なくない。特に、住民の権利、自由を規制する行政事務条例については、多くの場合、これを実施するための規則が制定されるのが普通であるが、条例の中には、「その他この条例の施行に関し必要なことは知事が定める」として、本来条例をもつて規定しなければならない事項についてまでも規則にゆだねている事例が多いが、これは問題である。たとえば、細菌類取扱取締条例において、法定伝染病の病源体以外の病源体を「知事の指定する病気の病源体」とし規則において定めることとしているごとき、その一例である。これは、過大の裁量権の委任というべく、また、住民の権利、自由の規制まで施行規則で定めることは明らかに規則制定権の範囲を踰越するものと思われる。

しかしながら、逆に条例によつては、本来規則事項であるべきことを条例中に規定しているものも少なくなく、これまた、その範囲と限界の問題として論議さるべきことである。

条例と規則の関連については、更に問題とするべき点も少なくないが、これに関する判例もみあたらないので、問題の提起のみに止めることとする。

三　条例の効力

一　条例の制定公布とその効力

（一）　条例の制定公布手続　　条例は、地方公共団体の自主立法であり、地方公共団体の議会の議決によって成立するが（地方自治法九六条一項一号）、条例が施行されるためには、地方公共団体の長によつて公布されなければならない。即ち、地方自治法の規定によれば、地方公共団体の議会の議長は、条例の制定又は改廃の議決があつたときは、三日以内にこれを地方公共団体の長に送付し、長は、特別の措置をとる必要のある場合の外送付を受けた日から二十日以内にこれを公布しなければならない（地方自治法一六条一、二項）しかして、条例は、条例に特別の定がある場合はその定めた日から、それ以外の場合は公布の日から起算して十日を経過した日から施行することとされている（同法一六条三項）。

公布の具体的な方法は、公布に関する条例（公告式条例等）を別に定め、これに基くもの　とされているが、当該地方公共団体の公報（「〇〇県公報」「〇〇市報」等）に掲載して行うか、又は町村の場合等は町村役場の前に掲示することによって行うのが通常であり、公布にあたつては、地方公共団体の長は、公布文を附し、年月日を記入すると共に署名することとされている（同法一六条四項）。

（二）　条例の制定公布及びその他制定手続とその効力　　条例が制定され、施行されるためには、右に述べたごとく、所定の手続を必要とする。先ず、条例を施行するためには、その前提として公布を必要とし、公布がなされない限り、いかなる場合にも、実質的効力を生ずることはない。ただ、場合によっては、条例の制定のために一定の手続を必要とすることがあり、これらの手続をめぐって問題とされるところが少くない。

先ず、条例の施行の前提条件たる公布の必要性については、法令の場合と同様、判例上も、すでに確認されているところである。問題とされた事案は、適式の公告のない市民税賦課方法条例の効力とこれに基く市民税賦課処分の効力についてであるが、先ず原審においては、当該条例及びこれに基く処分の無効を判示したのに対し【32】、控訴審においては、公告なき条例については、その無効を認めつつも、これに基く処分に関しては当然無効ではないとし【33】、更に最高裁においては、条例は告示されるまでは効力を発生しないことを明示し、かつ、これに基く処分については、控訴審の判示するところを支持している【34】。

当該条例に基く処分に関しては、原審と控訴審及び上告審との間においては若干の差異があり、それ自体問題ではあるが（磯崎教授は、この判例について最高裁が改正後の未だ効力のない条例に基いてなされた賦課処分を単に違法に止まるとしたのはあやまりであり無効であるとする（判批・民商二八・五・三七））、条例の施行の前提としての公布の必要性については、いずれも何等の疑をはさむ余地がないものといえるのである。

【32】「……昭和二十三年二月二日青森市議会で告示の日から施行される青森市市民税賦課方法条例中一部改正条例が議決されたことには当事者間に争がなく、一般にかような条例は右議決後これに市長又は代理人において署名の上青森市役所掲示場に掲示して公告しなければならないことは、地方自治法第十四条第二項、第十六条地方税法第六十二条乃至第六十六条青森市公告式（青森市条例の一種）により明瞭でかような公告は法律でいえば公布に該当し、外部に対する効力発生の絶対要件であり、又その施行の必須の前提要件でもあることは勿論でこの公告を欠く以上議決された条例も竟にその効果を発するわけがないことは贅言を要しないところである。……本件市民条例はまだ外部に対する効果を発行せず、従って亦これを施行する根拠はまだ全然存在しないから既にその効力が発生したことを前提とする本件市民税賦課処分も亦その前提を欠如し法律上当然無効であり、又かような本来無効な行政処分に基き納税義務を賦課された原告は即時右無効確定を訴求する権利保護要件を具備することは論を俟たないところであるから原告の本訴請求は理由があるものとしてこれを認容しなければならない」（青森地判昭二三・一二・一〇行裁月報一二・一一五頁　同一八・三〇頁）。

【33】「……ところで被控訴人は、前記改正条例は告示されない以上その効力を発生しないから、この改正条例に基く課税処分は法律上当然無効であると主張するのであるが、しかし右改正条例は従前から施行されていた青森市民税賦課方法条例中の第二条第三条の金額を改正したにすぎないことは前示の通りであって、この改正条例がその効力を発生する以前においても、青森市市民税賦課方法条例の厳存したことはいうまでもない。即ち控訴人は右改正条例によって始めて市民税を賦課徴収することができるようになったわけではなく、改正条例が効力を発生しないときでも改正前の青森市市民税賦課方法条例によって市民税を賦課徴収し得たのである。但し右改正条例の効力が発生する前は改正前の条例による金額を基準として課税すべきは勿論であって、右改正条例の告示前に改正条例による金額に基いて算定した税額を課することの違法であることはいうまでもないが、しかしかような違法があるからといってその課税処分が当然無効であると解する

ことはできない。かかる違法な課税処分に対しては当時の地方税法第二十条の規定により異議の申立及び訴願が許されるし、又訴願の裁決に不服のある場合は更に裁判所に出訴してその取消変更を求め得るであろうけれども（但し行政事件訴訟特例法第十一条の規定を適用すべき場合であるかどうかはしばらく別として）右のような手続によって取消変更されない限りなお有効に存続するものと解するのが相当である。従って本件課税処分が当然無効であるとしてその無効確認を求める被控訴人の本訴請求は失当といわなければならない」（仙台高判昭二四・七・八　行裁月報一八・六五頁）。

【34】「本件市民税賦課当時は改正条例が未だ効力を生じていなかったことは原判決の判示するとおりであるが、改正条例が効力を生じていない以上、改正前の条例はなお効力を持続しており、従って被上告人は改正前の条例によって市民税を賦課することはできたのである。被上告人のした本件課税処分は改正後の即ち当時未だ効力のなかった条例によったものであることは、争のない事実であるけれども、改正条例は単に市民税の税率を改めたにすぎないものであるから、改正前の条例によると、改正後の条例によるとは、税率、賦課金額の相違を来すのみである。行政処分が法令に違背して行われたからと言って、直ちに当然にその行政処分が無効であるとは言えないのであって、本件のような違法は本件賦課処分を法律上当然に無効であるとは言えないのであって、本件のような違法は本件賦課処分を法律上当然に無効ならしめるものではないとするを相当とする」（最判昭二五・一〇・一〇　民集四・一〇・四六五）。

条例の公布と施行の時期に関しては、公布の日から即時に施行するもの、公布の日から一定の猶予期間をおいて施行するもの（たとえば「この条例は、公布の日から起算して一月を経過した日から施行する」又は「この条例は、昭和〇〇年〇〇月〇〇日から施行する。」）、施行の日を規則等によって定めるもの（「この条例は、公布の日から起算して一月をこえない範囲内において規則で定める日から施行する」）等、法律の場合と同様、種々の類型が存するが、このうち、法律上の問題の存するのは、公布の日から施行する場合である。この問題については、法律の公布と施行の時期についても同様の問題が存している。

先ず、法律の場合については、その公布は官報の掲載によって行われるために、公布の日から施行する場合、官報の印刷、発送、販売等の一連の段階のうち何時をもって公布があったとみるべきかについて従来から争われている。これに関する学説、判例としては、午前零時説（官報掲載の日の午前零時に公布があつたとみる説）、発送手続完了時説（大蔵省印刷局から官報の発送手続が完了した時点をもつて公布があつたとみる説）、最初の購買可能時説（国民が官報を購買しようと思えばそれが可能である最初の時点をもつて公布があつたとみる説）、地方別の最初の購買可能時説（右の「最初の購買可能時」は全国各地方によつて時期を異にするから、各地方ごとのその時点をもつて公布があつたとみる説）等があり（林修三「法令の公布の時期」自研三五・一、同・例解立法技術四五五～六頁）、政府の従来の行政解釈は「午前零時説」をとり、最高裁は、必ずしも確定解釈とは断定しがたいが、「最初の購買可能時説」をとっている。もっとも、この最高裁の判例には、池田、河村（大）裁判官による少数意見が付せられ、その中に「地方別の最初の購買可能時説」がのべられている【35】。

条例の公布に関しては、法律の場合と若干異るものと思われる。すなわち、公報の購買可能時点については、地方公共団体の地域的限界の存することから、法令の場合ほど論議する余地はないが、他方において、公報の発行手続が、一般的には、官報の場合ほど完備されていないために、必ずしも公布の日に公報が発行されるとは限らない。従って、現実には法令の場合程に、その時点が論議される余地も少いが、かかる問題が起った場合には、条例の場合についても、法令の場合に準じて解することが適切であろうと思われる。

【35】「成文の法令が一般的に国民に対し、現実にその拘束力を発動する（施行せられる）ためには、その

法令の内容が一般国民の知りうべき状態に置かれることを前提要件とするものであること、またわが国においては、明治初年以来、法令の内容を一般国民の知りうべき状態に置く方法として法令公布の制度を採用し、これを法令施行の前提要件とし、そしてその公布の方法は、多年官報によることに定められて来たが、公式令廃止後も、原則としては官報によってなされるものと解するを相当とすることは、当裁判所の判例とするところである（昭和三〇年(れ)第三号、同三二年一二月二八日大法廷判決、刑集一一巻一四号三、四六一頁以下参照）。

ところで官報による法令の公布は、一連の手続、順序を経てなされるものであるが、これを本件につき職権をもって調査すると、㈠昭和二六年法律第二五二号覚せい剤取締法二条、一四条、四一条等を改正した昭和二九年法律一七七号覚せい剤取締法の一部を改正する法律（以下本件改正法律と略称する。）を掲載した昭和二九年六月一二日付官報は、同日午前五時五〇分、第一便自動車が東京駅（関東、東海、近畿方面）、新宿駅（山梨方面）の順序で一台、上野駅（北海道、東北、北関東、北陸方面）、両国駅（千葉方面）の順序で一台、同時に印刷局から発送され、そして最終便は同日午前七時五〇分、東京駅（中国、四国、九州方面）、東京官報販売所の順序に積下すため、印刷局から発送された、㈡右官報が全国の各官報販売所に到達する時点、販売所から直接に又は取次店を経て間接に購読予約者に配送される時点及び官報販売所又は印刷局官報課で、一般に希望者に官報を閲覧せしめ又は一部売する時点はそれぞれ異っていたが、当時一般の希望者が右官報を閲覧し又は購入しようとすればそれをなし得た最初の場所は、印刷局官報課又は東京都官報販売所であり、その最初の時点は、右二ケ所とも同日午前八時三〇分であったことが明らかである。

してみれば、以上の事実関係の下においては、本件改正法律は、おそくとも、同日午前八時三〇分までには、前記大法廷判決にいわゆる「一般国民の知り得べき状態に置かれ」たもの、すなわち公布されたものと解すべきである。そして「この法律は、公布の日より施行する」との附則と置かれた本件改正法律は、右公布と同時に施行されるに至ったものと解さなければならない。しかるに原審の確定したところによれば、本件犯行は、同日午前九時頃になされたものであるというのであるから、本件改正法律が公布せられ、施行せられるに至った後の犯行であることは明瞭であって、これに本件改正法律が適用せられることは当然のことといわねばならない。それ故所論は採るを得ない」

【少数意見】　法令の公布は、制定された法令を一般国民に周知させることを目的とするものであるから、その公布があったというためには、当該法令を一般国民の知り得べき状態に置かなければならないことはいうまでもない。とくに刑罰法規はこれを掲載した官報が各地方に到達してその地方人民がその公布されたことを知り得べき状態に置かれたのでなければ、その地方人民に対しては公布があったということを得ない。従って、その地方人民を右罰則法規で拘束することはできないものと解するを相当する。

しかして、公布を通知行為の一種と見るときは、その性質上相手方に到達することによって効力を生ずるものというべきであるが、元来法令の公布は私法上の意思表示と異り不特定人に対してなされる表示行為であり、かつ通常官報に掲載して行われるものであるところ、その官報は一般国民の悉くが購読するものでないという制約もあって、国民の一人一人に知らしめるような徹底した到達主義を実行し得ない現状にあることは顕著な事実である。従って「国民をして知り得べき状態に置く」というための基準を何れに求むべきかは実際上困難の問題であるが、少なくとも地方人民に対してはその地方に官報が到達しなければ公布の目的は達せられないと謂わなければならない。特に「公布の日から施行する」旨定められた法令は、官報配布の慣行と照し合せ、各地末端の官報販売所又は取次所(具体的配布機関についてその地域を判定するの外はない)にその官報が到達して配布を開始した時、当該地方人民はこれを知り得る状態に置かれたものとして同時に法の拘束力も発生するものと解するを妥当とする。本件は後に述べるように広島市に居住する被告人に対し改正法律の罰則が何時から適用されるかの問題であるから、右法律を掲載した官報が広島市所在の官報販売所に到達しその配布を開始した時に広島市民に対し公布の効力を生じたものと見るべく、即ちその時から被告人も該法律に拘束されるものと解するを相当とする。

この見解に対しては、国の法令が各地方により時を異にして施行されるようになることは、一律に国民を拘束することを目的とする同時施行主義に反するとの非難が存する。我国は明治初年以来法令の異時施行主義を採ったのであるが、法律については明治二三年法律九七号及び明治三一年法律一〇号法例一条で同時施行主義の原則を採り「法律ハ公布ノ日ヨリ起算シ満二〇日ヲ経テ之ヲ施行ス。但法律ニ於テ之ニ異ナリタル施行期日ヲ定メタルトキハ此限ニ在ラス」と定められたのである。（命令については明治四〇年の公式令制定迄は明治一九年公文式即ち異時施行主義が残っていた）かくの如く施行に一定の猶予期間を置くことの原則に従うときは同時施行主義を採っても実際上の不都合は生じないと思うが、同条但書によって右と異る施行期日を定める場合特に公布即日施行というような異常な立法については、国民に対する周知を保障する意味において、異時施行の例外を認めても同条の精神に反するものではないと解せられる。のみならず各地方によって、施行の時期が異るといってもその地域差の現象は当初の数日間の問題であるに止まり、数日経過後においては全国に亘り、もれなく施行の効力を生ずることになるのであるから、実際上の不都合を生ずることは殆どないといってよいではなかろうか。ことにかかる異時施行を認めなければならないのも、公布即日施行という好ましくない立法措置から起る止むを得ない現象であって、しかも同時施行主義を貫くために、知らしめない刑罰法規で国民を処罰するような不当な犠牲の生ずることを極力避けようとする考慮に出でたものに外ならないのである。更に又本意見のような到達時説の外印刷局発送時説（原判決はこの説をとる）若くは最初の発売開始時説等があつて、いずれの説によるも現実に地方人民に知らせることにはならず、そこには法令が周知されたとみなすべき若干の擬制を取り入れざるを得ないという共通の問題を含み、所詮は五十歩百歩であるとの説を聞く、しかし「法の不知は責を免れない」との法原則も法律を国民の知り得べき状態に置くことを必須の条件となすものであるから、できる限り国民への周知を保障するための努力が払われるべきは当然のことである。しかるに前者の発送時説の如きは所謂発信主義と異るところなく「国民の知り得べき状態に置く」こととは凡そ縁遠いものであつて、印刷局を発送しただけで列車にも積み込まず即ち未だ地方に到達しない以前に、早くも地方人民に知り得る状態に置いたとして、公布の効力を認めようとすることの如何に不合理極まるものであるか、多言を要せずして明らかであろう。更に又発売開始時説は概ね東京における最初の発売開始の時となるのであろうが、未だ地方発送も完了しない時に、東京における販売開始の一事で地方人民に対し公布の効力を認むることの不合理は前者と異るものではない。これに反し、その官報が広島市の官報販売所に到達して、その配布を開始した時（この時期には市民は閲覧することも可能である）を以て広島市民の知り得べき状態に置いたと解することは、前段諸説の不合理を著しく緩和合理化するものであつて、近代法治主義の原則にも適応するものであると信ずる。

本件において原判決の認定と職権により調査したところによれば、昭和二九年法律一七七号覚せい剤取締法の改正法律（公布の日より施行）が昭和二九年六月一二日付官報に掲載され、その官報が同日午前七時五十分大蔵省印刷局を発送され（中国、四国、九州方面）、東京駅発九時三十分の汽車に積み込まれたこと、東京における最初の発売開始は午前八時三十分であつたこと、広島市方面への到達は翌一三日又は一四日と推定されたこと及び被告人の広島市における本件犯行は一二日午前九時頃であつたこと等の各事実が認められる。従つて被告人の広島市における犯行時には改正法律を登載した官報が未だ同地方に到達せず即ち施行の効力を生じていないのであるから、右犯行に対し改正法律を適用処断することはできない。

多数意見は前記被告人の犯行時には既に改正法律が公布施行になつたものと断定しながら、法令の公布及び施行の時点をいずれに求めるのが正当であるかについての理由を欠き、適従するところを知らしめないのを遺憾とする。またその結論にも賛同し兼ねる。

以上の理由により原判決が被告人の犯行に対し、改正法律を適用したのは誤りであるから、破棄するを相当と思料する」(最判昭三三・一〇・一五刑集一二・一四・三三一三)。

また、所定の施行期日後に公布された条例の効力発生時期に関しては、法律の場合と同様問題である。判例は、条例中に定められた施行期日後に当該施行期日の日付でされた場合には、この条例は、告示と同時に条例中に定められた施行期日に遡及してその効力を発生するものと解すべきであるとしている【35】。

一般に、法令、条例の遡及施行は好ましいものではないが、絶対的に禁止されているものではない。刑罰規定の遡及適用は、憲法上禁止されているから問題であり(憲法三九条)、また、刑罰規定以外でも、国民(住民)に新たな義務を課し、又は権利を制約するような内容の法令若しくは条例をみだりに遡及適用すべきものでもないが、これは個々の事件に関する法令又は条例の適用問題として、国民(住民)を不利に陥れるような遡及適用は解釈上も認められないとする解釈論で合理的に解決できることであると思われる(林・前掲一六〜七)。

【36】「……同改正条例附則に該条例は議決により成立した日と同日たる昭和二四年一二月二三日からこれを施行する旨の規定があること及び該条例が右成立の日の日附で告示されたものであることは成立に争がない。……そしてかように条例の内容に該条例はこれを成立の日から施行する旨の規定があり、且つその告示の日附も施行の日附も成立の日附と同日である場合は実際告示が為された日が、その後の同月二九日であっても、同条例はこの真実の告示を俟ち成立の日に遡及して一挙に発効、告示及び施行されたものと解さねばならない。換言すれば右改正条例の発効告示及び施行は、何れも該条例が議決により成立すると同時に成立

し唯各その効力の発生だけは事実上の告示に繋るもの、即ち右条例の発効、告示及び施行は事実上の告示を遡及的停止条件として一挙に成立したものと観ずるを相当とする」（青森地判昭二五・六・一五行政例集一・五・七〇七）。

条例の制定は、一般的には、議会の議決によつて行われるが、条例の制定のために一定の手続を必要とするものがある。その一は、特別の法律の委任に基いて制定する条例のうち、特に、監督行政庁の認可を必要とするものがあるが、この認可と告示に関連して条例の効力が問題となるのである【37】。

条例に対する知事の認可が、その条例の成立の日より前の日付でされていても、実際に認可がなされたのがその後であれば、その認可自体は無効ではなく、その条例は、実際に認可がされたときから効力を生ずるものと解すべきである（【37】にあらわれたような事例は、国民健康保険法が改正された現在においては、極めて特殊の例としてしか起りえないものである）。

【37】「……小城町に於いては昭和二三月七月国民健康保険法の改正に伴い、同年十月一日を目途として国民健康保険事業を組合経営より町経営に移し、之により小城町国民健康保険組合は同日解散することとしたのであるが町営のための条例制定の準備が整わず、ようやく同年十月三十日に至り、前記の如く保険条例案の議決を経、次で同年十一月二日県知事に之が制定の認可申請をなすに至つた。然し、右の様な事情上、右条例の施行を、同年十月一日に遡らせるため県知事に対する認可申請の日附を同年九月二十日となすと共に、県当局に於ても右事情を諒として、県知事認可の日附を同年十月一日と夫々遡らしたものであることを認めることが出来る。……右条例に対する知事の認可は、事実上は該条例案に対する町議会の議決後になされたものであるから、「知事の認可は町条例の決議前に為された」との主張は是認し難くなお右認可の日附を事実に反して遡記したからとて、それだけの理由で、右認可を当然無効とし、ひいて右条例をも当然に無効だと解することは出来ない。尤も、認可の日附を右の如く遡記したからとて、認可の効力が当然に日附の日に遡つて発生したものとは解し難く、むしろ、事実上認可が為された時に効力を発生し、ひいて、条例もその

時から（正確に云えば認可後条例が公示されてから）その効力を発生したものと認むべきであるが、前顕乙第七号証によれば、同条例はその附則に於て、「この条例は昭和二三年十月一日よりこれを施行する」旨の規定を有するので、この遡及規定に依り右条例は昭和二三年十月一日に遡り有効に施行せらるるに至ったものといわねばならない」（福岡高判昭三〇・三・二八 行政例集六・三・八〇五）。

その二は、行政委員会が条例制定に対して意見を述べる権限を有している場合に、この意見に従わないで条例を制定した場合の当該条例の効力についてである。一般的に、行政委員会が意見を述べる権限を有する場合は固より当該意見は、尊重されるべきものではあるが、それ自体法的拘束力までを有しているとは解しがたいから、この意見と異った条例が制定された場合に、当該条例の効力に影響を及ぼすものではないものと解する（農地委員会の承認を必要とする未墾地買収処分のごとく私人の利害に関係するものについては例外である（高松高判昭二六・五・一九行裁集二・五・八〇八））。判例もまた、この立場をとり、人事委員会の申し出た意見と異って議決された条例の合法性を論証している。

【38】「……第十九号案については被告人事委員会は意見を申し出る権限があり、また一方県議会は被告人事委員会の意見を聞かなければならないが（地方公務員法第五条、第八条）、この意見なるものは、勧告と同様可及的に尊重せらるべきものであるにとどまり、法的拘束性を有しないから、被告人事委員会が本件臨時特例条例第十九号の制定を好ましいものではないとして反対意見を申し出たとしても、県議会はこれに従うことなく議決したとしても差支えないのであり、もとより違法ではない」（盛岡地判昭三一・一〇・一五 行政例集七・一〇・二四四三）。

その三は、条例案を議会に付議するためには、地方自治法上は、長があらかじめこれを告示することとなっているが（地方自治法一〇一条二項）、これを告示しないで付議し、議決した場合、当該条例の効力が問題とされる。条例案に限らず、議会の議決にかかる案件は、急施事件でない限り告示しなければならないことは、固より当然であるが、急施事件であるか否かの判定も問題の存するところであるから、告示がなかったというだけで当該条例を直ちに無効であるとすることはできない。

判例は、かかる程度の瑕疵は、条例を当然に無効とするものではないとしている（この判例は、当該案件はいわゆる急施事件であるとして、その違法性を否定しているが、その理由づけの中に、右の点についての合法性が認められる）。

【39】「……原告は右議員定数減少条例案を付議した上山町議会が臨時会であるのに、上山町長は予じめ右事件を告示もせず、又急施を要する事件とも思われないのに、之を同臨時会に付議したのは違法である旨主張しており、同会が臨時会であったことは被告も之を認めて争わないところであるが、右条例案を議会に付議するについては原告主張のような手続上の瑕疵があったとしても、これがために議会で可決された条例が当然無効であるとはいえないのみならず、……かような事情の下における右条例設定こそ地方自治法第百二条第五項の『臨時会の開会中に急施を要する事件』に該当するものというべきであるから、前示臨時会に右条例設定案を付議したことは、違法ではない」（仙台高判昭二七・一一・二八行政例集三・一一・二〇二二）。

㈢　条例の遡及適用　憲法三九条は「何人も、実行の時に適法であった行為又は既に無罪とされた行為については、刑事上の責任を問われない」と規定しており、一般的に、刑罰法規の遡及適用を禁止している。条例についても、それが刑罰法規である場合は、その遡及適用が許されないことは言うを俟たないところである。問題は、刑罰法規を含まない条例の遡及適用についていかに解すべきかであるが、条例の遡及適用を禁止するゆえんをみれば、それはあくまでも住民等の権利・自由にかかるためであるから、住民等の権利・自由に直接関係のない条例や、住民等に利益を与える条例については、その遡及適用を認めてしかるべきである。判例も、この考えに立脚しているものが多い【37】【40】。

【40】「諏訪市議会々議規則が昭和二十三年三月三十日制定されたにも拘らずその附則に従つて昭和二十二年五月一日に遡り施行することが適法か否かについて按ずるに三月三十日の前に於いては地方自治法の適用を受くべきことは勿論であるが同法が普通地方公共団体の条例乃至は会議規則に譲つて敢て規定しなかつた事項については会議規則の遡及効を認め会議等の運営がこの会議規則に従つて行はれたものとなし万一会議規則に違反するものある場合についてはその効力を否定すべきものと解するを相当とする……」（長野地判昭二四・一一・二二行裁月報二追録六六頁）。

ただ、議会会議規則等の適用にあたつて、議員の懲罰に関する規定については、当該議員の身分の剝奪といういわば権利・自由の制限に近い性格を有するから、刑罰不遡及の原則を類推して、これが遡及適用を許さないとするのが至当であろう。

【41】「凡そ刑罰を含む法規はこれを遡及して適用することを許さないという原則は憲法第三十九条によつて保障されたところである。而して地方自治法第百三十四条によつて議員に科せられる懲罰は憲法に所謂刑罰には該当しないが一種の罰であり、公の権力によつて人格に汚点を与えるものであるから憲法の精神を類推して刑罰法規と同様不遡及の原則に従うべきものであると解するのが相当である。控訴議会が被控訴人の前記政令違反行為があつた後前記のように会議規則中懲罰規定を改正し、改正前の被控訴人の行為について、遡及して改正規定である前記会議規則第三十二条第二号第三号を適用したのは憲法の右精神に反するもので違反たるを免れない。被控訴人の右除名決議の取消を求める請求はこの点においても正当である」（東京高判昭二四・二・一九行裁月報一三・九六）。

【42】「凡そ何人も実行の時に適法であった行為について刑事上の責任を問われないという所謂遡及処罰禁

止の原則は、日本国憲法第三十九条の明示するところであり、この趣旨は処罰に関する立法的作用の恣意に対し個人の自由を保障しようと云うにあるのであるから、その精神は懲罰乃至懲戒にも広く適用あるものと解するを相当とする、蓋し懲罰乃至懲戒と刑罰とはその性質において区別さるべきものあるも固より論を俟たないけれども、両者等しく個人の重大なる法益の剝奪である点については逕庭なく、従つて之が科罰に関する立法作用の恣意に対し個人の自由を保障する必要のある点に至つては、両者異別に解すべき理由を認め得ぬからである。されば懲罰の範囲態容を定めたる法令規則は、一般に遡及効を有せざるものと解すべきであり、従つて原告の前記所為が前記改正規則第百四十三条、第四十条の発効前になされたものなるに拘らず、これに該規定を適用して原告を懲罰処分に附した本件議決は、既にこの点に於て違法のものと云わざるを得ないのである」(京都地判昭二四・一一・一六行裁月報二〇・一八九)。

【43】「会議規則が如何なる行為ありたる場合に如何なる懲罰を科するかを規定したのは実体規定であつて、その遡及効を認むべきでないことは原審のいうとおりであり、又本件議決を取消すことが公共の福祉に反するものとはいえない」(最判昭二六・四・二八民集五・五・三三六)。

【44】「刑罰法規は既往に遡及して適用することを許さないことは憲法第三十九条の保障するところであり地方自治法第百三十四条により議員に科せられる懲罰は右に云う刑罰ではないが一種の罰であるから右憲法の精神を類推して刑罰法規と同様不遡及の原則に従うべきであると解すべきところ被告議会の会議規則が昭和二十七年三月三十一日に可決制定されたものであることは当事者間に争がないから右規則をその制定前たる昭和二十五年五月頃から昭和二十六年九月頃迄の間の原告の行為に遡及して適用した前記議決は右憲法の精神に反しこの点においても違法たるを免れない」(奈良地判昭二七・一〇・三〇行政例集三・一〇・二〇四五)。

(四)　条例の効力の消滅　　条例の効力は各種の事由によって消滅するが、その主要なものについてみれば、第一には、条例の廃止である。条例の廃止は、通常他の条例によって行われ(〇〇〇条例を廃止する条例)、条例の廃止の時期は、これを廃止する他の条例の公布の時ではなく、施行の時期である。

【45】「新規程ニ於テ旧規程ヲ廃止スル旨ヲ定メタル場合ニ於テハ特別ノ定ナキ限リ旧規程ハ新規程公布ノ日ニ廃止セラレタルニ非スシテ新規程実施ト同時ニ廃止セラレタルモノト解スヘキモノトス」（行判大正一一・一一・二五行録三三輯一二〇五頁）。

第二には、条例の失効である。条例は憲法及び法令に違反することができないことは前述のごとくであるから、形式的効力において条例にまさる法形式（法律又は命令）が新たに制定されるに至った場合に、既存の条例がこれに矛盾するときには、その条例は、その矛盾する限度において失効するし、市町村の行政事務条例と矛盾する都道府県の統制条例が制定された場合も、当該市町村の条例は失効する。また、既存の条例と矛盾する条例が新たに制定されれば、既存の条例は、「後法優先の原則」により、矛盾する限度において失効する。

第三には、当該地方公共団体の消滅である。当該地方公共団体が消滅した場合には、一般的には、条例は効力を失う。しかし、その消滅と同時に、その区域を区域とする地方公共団体があらたに設置された場合（たとえば地方公共団体の廃置分合（町村合併）や境界変更の場合）には、あらたに設置された地方公共団体の長の職務を行う者は、消滅した地方公共団体の条例を従前の施行地域に引き続き施行することができる（地方自治法施行令三条）。この場合、当該条例は、その時以後、あらたに設置された地方公共団体の条例としての効力をもつものと解しうる。

【46】「町ヲ変シテ市ト為シタル場合ニ於テハ町制施行ノ当時行ハレタル条例規則等ニシテ市制の規程ニ牴触スルモノハ当然廃滅ニ帰スヘキモ其他ハ依然有効トシテ継続スヘキモノトス何トナレハ市ト町トハ其執行

機関及ヒ監督ノ順序方法等ニ付テ異ナル所ナキニアラスト雖トモ均シク自治ノ団体ニシテ町ヲ変シテ市ト為シタル場合ニ於テ該市ハ当然前町ノ権利義務ヲ継承スヘキハ勿論彼ノ条例規則等ハ団体ト住民トノ関係ヲ規定シタルモノナレハ市制ノ規程ト相容レサルモノハ直チニ廃滅スヘキハ理ノ当然ナルモ其規程ニ牴触セサルモノニ至ルマテ悉ク廃滅ニ帰スヘキ謂ハレナキヲ以テナリ」（大判明四二・二・一六刑録一五・一一五頁）。

【47】「本件水道カ明治二十四年中滋賀郡大津町ノ営造物トセラレ神出、上北国町等ノ住民ニ於テ其使用権ヲ得タルコト及ヒ其後大津町カ市制実施ニ依リ大津市ト為リタルコトハ甲等一、二号証並ニ証人郡田六之助ノ証言ニ依リ明瞭ナリ然レハ大津町時代ニ於テ行ハレタル甲一号証ノ営造物規則ハ市制ノ規程ニ牴触セサル範囲ニ於テ有効ニ継続スヘキカ故ニ大津市ハ当該水道ニ関スル大津町ノ権利義務ヲ承継スヘク該水道カ其営造物タルコトヲ廃止セラレタル事迹ノ見ルヘキモノナキ以上ハ今日ニ於テモ亦固ヨリ大津市ニ管理ノ権利アリト謂フヘク……」（大津地判判決年月日不明新聞五七一号）。

第四には、根拠法律の消滅によるものである。条例の中には、法令の個々の委任に基く、いわゆる委任条例が少なくないが、委任条例は、その根拠法律の消滅によって消滅する。また、これと関連し、根拠法律等の改正によって、従来都道府県と市町村との間で事務の委譲が行われる場合があるが（たとえば、地方自治法の改正による指定都市に対する府県の事務の移譲（昭三一法一四七）や警察法の改正による市町村自治体警察の都道府県警察への移管等）、かかる場合には、一般的には、従前の団体は当該事務についての条例の制定権を失うこととなるから当該条例は失効するものと解せられる。

【48】「所論は、要するに、元来、地方公共団体たる横浜市が、横浜市風紀取締条例の如き本来国の行政事務に関する事項を内容とする条例を制定する権限を有したのは、旧警察法が本来国の事務に属する警察事務を、地方公共団体に委譲した結果によるもので、昭和二九年六月法律第一六二号をもって新たに警察法が制

定され、これが施行により、昭和三十年六月三十日かぎり横浜市警察が廃止された以上、爾来横浜市は、右の如き条例の制定権を失い、従つて同条例は、その効力を失つたものであるというに在るものと解されるが、横浜市風紀取締条例の規定する事項が、警察法の規定しているような国の警察の組織ないしは運営事務自体を内容とするものでないことは、前段にも述べたようにその各規定の内容自体によつて自ずから明白であると共に、すでにして叙述したように、普通地方公共団体である横浜市が憲法によつて保障された自主立法権に基き憲法を母体とする地方自治法の定むるところに従い市議会の議決を終て制定されたもので、同市の制定する新たな条例による改廃ないしは右条例と牴触する法令の制定施行なきかぎりその効力に消長のある筋合ではなく、単に警察の組織や運営事務等警察行政に属する事項を規定しているにすぎない新たな警察法の制定施行により横浜市警察が廃止されるに至つたからといつて当然横浜市風紀取締条例が失効するいわれはない」（東京高判昭三一・一二・一七刑集九・一二・二二七〇）。

第五には、条例の施行期限の到来であり、条例に施行期限（終期）が附されているときは、当該条例は、その到来によつて消滅する。

二　条例の効力の範囲――条例の地域的効力及び属人的効力――

法規範は、究極において人の行為を拘束することにその本質があるが、条例によつて定立される法規範も、それが法規範である以上、人の行為を拘束することに本質があることにはかわりない。

一定の地域における人の行為を、何人の行為であるかを問わず、一般的に拘束する法規は、通常「属地法」といわれる。これに対し、特定範囲の人に追随して適用される法は、通常「属人法」といわれる（高辻正巳・地方行政事務提要五二〜三頁）。

条例は、当該地方公共団体の自主法であるから、その効力の及ぶ範囲は、原則として、当該地方公共団体の区域に限定され、区域外には及ばず、また、区域内であれば、原則としてすべての人に対しその効力を有する。特に、条例のうちでも住民の権利・自由を規制する行政事務条例については、他の地方公共団体の同種の規定と矛盾を生ずることがありうるから、当該地方公共団体の区域内に限定されるものと解すべきである。ただし、地方自治法二五二条の一四による事務の委託の協議が成立した場合には、委託を受けた地方公共団体の条例中のこの種の規定の効力は、委託をした地方公共団体の区域に及ぶこととなり（地方自治法二五二条の一六）、また、営造物利用関係、地方公務員関係等当該地方公共団体とその特別権力関係に立つ者との間の関係を規律する条例は、営造物の利用者、地方公務員等が区域外にある場合においても、その行為を規制する。

換言すれば、一般の条例の効力の及ぶ範囲は、いわば属地法的であり、営造物利用関係、地方公務員関係を規制する条例は、いわば属人法的であるといいうるのである。

このように、条例は、一般的には属地法的な効力を有するから、区域内であれば当該地方公共団体の住民に限らず、住民以外の者をも拘束しうるものであり、判例もこれを認めている【49】〜【52】。自然人であるか法人であるかを問わず、国籍のいかんをも問わない（外国の元首、外交使節等国際慣習法上又は国際条約上治外法権を有する者については、法令の場合と同様例外である。）。また、国、他の地方公共団体といえどもこれに拘束される。

【49】「従って条例を制定する権能もその効力も、法律の認める範囲を越えることを得ないとともに、法律の範囲内に在るかぎり原則としてその効力は当然属地的に生ずるものと解すべきである。それゆえ本件条例

は、新潟県の地域内においては、この地域に来れる何人に対してもその効力を及ぼすものといわなければならない。なお条例のこの効力は、法令又は条例に別段の定めある場合、若しくは条例の性質上住民のみを対象とすること明らかな場合はこの限りでないと解すべきところ、本件条例についてはかかる趣旨は認められない。従つて本件被告人が長野県の在住者であつたとしても、新潟県の地域内において右条例五条の罰則に当る行為があつた以上その罪責を免れるものではない」（最判昭二九・一一・二四刑集八・一一・一八六六）。

【50】「地方自治法第二条及び同法第十四条によれば地方公共団体の条例はその地方公共団体の区域内においてはその総ての者に効力を及ぼすものであることは自ら明らかであるから徳山市内で行われた本件被告人等の所為に対し徳山市条例の規定を適用処断した原判決には所論のような違法はなく論旨は理由がない」（広島高判昭二六・一二・四刑集四・一四・二一〇五）。

【51】「一般に都道府県規則は、当該都道府県の住民にのみ適用がある旨の明示又は黙示の規定がない限り、当該規則の適用区域内でこれに定められた作為又は不作為をなした者には、たとえその者が他の都道府県の住民であつても適用があるものと解せられる（この点に関しては、別添大正四年一〇月一五日言渡の大審院刑事部判決があるから参照されたい）。従つて、お尋ねの場合においては、甲県漁業取締規則が、その適用を同県の住民に限る旨、あるいは同県の区域内に漁業根拠地を有する漁船に限る旨の明示又は黙示の規定が存しない限り、県知事が同県の区域外に存る他の都道府県の住民に対しても碇泊処分をなしうべきことは、いうまでもないところである」（昭二七・六・三〇水産庁漁政部長あて法制意見第一局長回答）。

【52】「地方官庁ノ命令ハ苟モ明示又ハ黙示ノ特別規定ナキ限リ該官庁ノ管轄区域内ニ住居ヲ有スル者ナルト否トヲ問ハス汎ク同区域内ニ於テ該命令所定ノ作為又ハ不作為ヲ為ス者ニ対シ其ノ適用アルモノトス」（大判昭四・一〇・一五不明集載）。

都道府県は、当該区域内の市町村を包括する団体であるから、都道府県条例は、その区域内の市町村に対して適用があり、効力があることは固より当然のことである。

【53】「普通地方公共団体たる市町村（以下単に市町村という）は特別市と異り府県に包括されるのであり（地方自治法第五条第二項第二百六十五条第一項）、換言すれば市町村は必ずいずれかの府県内にあり、府県内の地域は必ずやいずれかの市町村に属するわけであつて、要するに府県と市町村とは地域的に必ず重複しており市町村の地域を除いた府県は想像できないのである。従つて府県の条例がその地域内なる市町村の地域にも適用されることはむしろ当然であつて、本件滋賀県条例はその区域内たる彦根市内の事件について適用がないとする論旨は何ら理由がない」（大阪高判昭二七・四・一五刑集五・四・五九一）。

なお、条例の効力の及ぶ地方公共団体の区域という場合、地先海面については、いづれの範囲を指すかについては問題である。一般に、領海は、地方公共団体の区域に含まれるが、公海は含まれないものとされる。しかしながら、行政事務条例の地域的効力は、当該地方公共団体の立場からする「地方公共の秩序」を維持するに必要と認められる限り、公海にも及ぶものと解せられる。

【54】「……和歌山県漁業取締規則ノ効力カ右沖合約八浬ノ海上ニ及フヤ否ヤニ付案スルニ同規則カ和歌山県官轄地先海面ニ於ケル水産動植物ノ蕃殖保護漁業者ノ利益保持漁業者間ノ利害ノ調和等ヲ図ル目的ヲ以テ制定セラレタルモノナルコトハ同規則並其ノ基礎法タル漁業法ノ規定ニ徴シ推知シ得ヘク右立法ノ趣旨並原判決挙示ノ証拠就中証人石原秀雄ニ対スル検事聴取書ノ判示供述記載ニヨリ認メ得ヘキ右沖合約八浬ノ海面ハ何レモ和歌山県官轄地先海面ニシテ従来同県知事カ取締若ハ監督ノ実力ヲ行使シ来リタル区域内ニ属スル事実ヨリ考察スルトキハ右和歌山県漁業取締規則ノ効力カ本件被告人ノ同県知事ノ許可ヲ受ケスシテ秋刀魚流網漁業ヲ為シタル右沖合八浬ノ海面ニ及フモノト解スルヲ相当トス」（大判昭一二・一二・二刑集一六・一五三〇）。

四　条例と罰則

一　憲法における罪刑法定主義

罪刑法定主義は、いかなる行為が犯罪であるか及びその犯罪にいかなる刑罰を加えるかは、法律によつてのみ定められるとする主義であり、近代諸国が憲法上の原則として、ひとしく認めるところである。罪刑法定主義の内容としては、一般に、刑罰法規は法律に限られること、刑罰法規の効力は遡及しないこと、広範囲の不定期刑は許されないこと、類推解釈は許されないこと等であるとされている。

日本国憲法において罪刑法定主義を、一般的、直接的に認めているか否かについては、論議のあるところであり、一般的には罪刑法定主義を直接的に規定したものではないが、憲法三一条に「何人も、法律の定める手続によらなければ、その生命若しくは自由を奪われ、又はその他の刑罰を科せられない」とあるのは、単なる適法手続に関する定めではなく、手続において適用される実体法についても法律を必要とするものと解され、実質的に罪刑法定主義を謳った規定であるとされ、また、憲法七三条六号が政令は特に法律の委任があるときに限り罰則を設けることができるとし、憲法三九条において刑罰法規の効力の不遡及を定めたのは、いずれも、罪刑法定主義の主な内容を謳ったものであるといいうるのである（法学協会・註解憲法五八七〜八頁、宮沢・日本国憲法二八五頁・河原畯一郎「憲法三一条と適法手続条項（同・基本的人権の研究一〜二八頁）、木村亀二「新憲法と罪刑法定主義」（同・新憲法と刑事法所収）、同「罪刑法定主義（日本刑法学会・刑事法講座第一巻所収）、団藤重光・刑法綱要（総論）三一〜四二頁、佐伯千仞「新憲法と罪刑法定主義」（同・刑事裁判と人権六五〜八〇頁）、瀧川春雄「罪刑法定主義（法律学体系・法学理論篇一二一）」。

二　条例に罰則を付することについての憲法問題

憲法九四条に基き、地方自治法一四条五項は「普通地方公共団体は、法令に特別の定があるものを除く外、その条例中に、条例に違反した者に対し、二年以下の懲役若しくは禁錮、十万円以下の罰金、拘留、科料又は没収の刑を科する旨の規定を設けることができる」とし、また、同法一五条二項は「普通地方公共団体の長は、法令に特別の定があるものを除く外、普通地方公共団体の規則中に、規則に違反した者に対し、二千円以下の過料を科する旨の規定を設けることができる」とし、条例、規則に対する実効性を保障している（地方自治法制定当時においては、「法律又は政令により都道府県に属する国の事務に関する都道府県の条例に違反した者に対しては、法律の定めるところにより、これに刑罰を科することがあるものとする」（改正前の地方自治法一四条二項）と規定されていた。即ち、それは都道府県の条例の違反の場合に限り、しかも、条例違反に対する罰則が国の法律に規定されている場合にのみ刑罰を科することができるとしたものであり、条例の実効性の保障としては、極めて弱いものであつた。昭和二二年の地方自治法の改正（昭二二・法一六九）によつて、これが現行規定のごとく根本的に改められ、その実効法は強く保障されることとなつた）。

条例自体にこのように高度の刑罰を科する旨の規定を設けたのは、条例自体の実効性を保障する上においては、極めて意義深いものであるが、刑罰は法律によってのみ定められるとする憲法上の罪刑法定主義との関連において問題なしとしない。即ち、旧憲法当時より、刑罰は国家法の専属管轄に属すると考えられ、過料や過怠金が自主法で定められた以外には、自主法である条例や規則によって刑罰を定めることは認められなかったのであるが、日本国憲法においても、その建前としてこの趣旨を認め、憲法三一条にそれを一般原則として謳い、また、七三条六号においてこれを命令の面から定めているとみることができるのであるから、もし条例が純然たる自主法であるとすれば、これに刑罰の定めをすることは憲法に定める罪刑法定主義の趣旨に反するし、また、条例が純然たる国の委任命令であるとすれば、これに罰則の定めをすることは、これまた、罰則の一般的命令委任を否定する憲法の建前に背くこととなるのである。

このような理論にたてば、条例に対して高度の刑罰を科することを認めた地方自治法の規定自体の合憲、違憲の是非が問われることとなるのである。而して、若しそれが憲法違反でないことを立証するには、第一に、国家法でない条例に対する罰則の委任も憲法の承認するところであることと、第二に、条例に対する委任の場合には、命令に対する委任とは異つて包括委任も憲法上差支えないものであることの二点の理論づけを行わなければならないのである。

この問題については、判例は、後に述べるごとく一、二を数うるに止まるが、学説上はその合憲性をめぐつて論議が交されている。そこで、判例を紹介批判する前に、従来論議された学説について一瞥することとしたい。

先ず、合憲説の代表的なものとして田中二郎教授の学説をあげることができる。教授は右の二点について、第一に、「条例は、形式上には自主法であるが、特に法律によって自治権の範囲を超えて、法を定立する限り、それは、実質的には、国家法と認められるべきである」から、「刑罰は国家法の独占に属するという意味での国家法の中には」条例は含まれ、また第二に、「刑罰は、一般的に命令に委任することができないという意味での命令の中には、条例は含まれない」とし、その理由として、「憲法が命令に対する罰則の一般的委任を禁止しているのは、立法権に対する行政権による命令の活躍を抑止するためであつて、地方分権の強化をめざす新憲法の下に、地方公共団体の自主法に刑罰を定めることの一般的委任を禁止する趣旨とは解されないから」であり、「殊に、地方公共団体の条例は、地方議会の議決に基くものであり、その意味においては、国の法律と同様、民主的性格をもつといいうるからである」とし、条例に罰則を附することの合憲性を論証されている（田中「条例の性質及び効力」（同・法律による行政の原理三四三頁））。

右の田中教授の説を批判しつつも同じく合憲説に立つものとして、柳瀬良幹教授の学説がある。教授は、田中教授の説は、先にあげた条例に罰則を附することについての合憲性を立証するための二点のうちその半分に答えたにすぎないものであるとし、「憲法は国家法の中でもただ命令に対してだけ罰則の委任を認め、しかもただその個別委任だけを認めている」が、「地方自治法の問題の条文の委任している条例は、もとより条例であつて、命令ではないのみならず、その委任はまた包括委任であつて、個別委任でないのであるから、ただ条例が国家法であることだけでは問題は片づかないので問題を片づけるためには、その外になお、国家法であれば条例に対しても同じように罰則の委任が許されるものであること、及びその場合には、条例に対しては、命令に対するのとは違つて、包括委任も差支ないものであること」の二点が論証されなければ、条例に罰則を附けることについての合憲性は論証されないとし、教授は、「憲法が罰則の委任について規定しているのは、実は命令に対するその委任についてだけであつて、条例に対するその委任については、それを認める趣旨とも、認めない趣旨とも、また認めるとして、その委任は個別委任でなければならぬとも、包括委任で差支ないとも、何一つ言つてはいない」のであり、従つてそれは、いわば「法の欠缺」というべきものである。ゆえに、条例に対して罰則を附することが許されるか否かは、憲法が何故に「罰則の制定権を法律に留保し、また命令に対するその委任を個別委任に限っているかの立法理由」をたずねなければならない。而して、その立法理由は、「国民は自己の承諾に基かないでは権利自由を侵されることはないという民主々義の原理」であるとし、これを条例にあてはめれば、第一に、「条例は地方団体の住民の代表機関である議会の議決によつて制定されるものであり、第二に、その行われるのはそれを制定した地方団体の区域に限り、即ち議会に代表されているその住民に限られる」のであるから「条例の地方団体におけるは法律の国におけると同じであり、地方団体が条例で罰則を定めるのは国が法律で罰則を定めるのと全く同じことであつて、従つてそれが如何に自由に行われようとも、そのために人は承諾に基かないで権利自由を侵されないという民主主義の原理は少しも傷つけられることはない」と論証し、憲法が命令に対して罰則の包括委任を禁止している理由は条例には全くあてはまらないとする。

柳瀬教授は、従って憲法上問題となるのは、条例に対する罰則の包括委任よりも、議会の議決もなく長の専断で定めうる規則に対して包括委任をした法の規定(地方自治法一五条二項)であるとする。教授は、この点についても、条例と同じく「長は議会の議員と同じく住民の公選するその直接の代表機関であり、そしてその制定する規則はその代表する住民の範囲に限つて行われるものであるから、その規則によつて住民が過料を科せられるのは恰度国民が国会の制定した法律に依って刑罰を科せられるのと同じことで、何等民主々義の原理に反するものでない」として、その合憲性を立証している(柳瀬「条例と罰則」(同・人権の歴史一八四〜九頁)、同「売淫取締条例と憲法」(同・人権の歴史一六三〜七頁))。

合憲説を唱えるものは、右の他にも、たとえば、金丸三郎氏のごとく、憲法には法律をもつて条例に罰則の制定を委任することを禁止した規定がないこと、条例は命令と違うから命令に対する罰則の包括委任を禁止した憲法七三条六項但書は条例に対する罰則の委任とは関係がないこと、同じく三一条は処罰の手続に関する規定であつて、刑罰の実体規定に関するものではないこと、及び罪刑法定主義は必ずしも罰則を定め得るものが法律のみに限る趣旨ではないこと等の理由からこれを説くもの、或いはまた、入江俊郎氏のごとく、条例には既にその事柄を定めた地方自治法という法律の委任があるのであるから、それは憲法七三条六号但書の「特にその法律の委任」という要件を充しているものであるし、またその委任には地方団体の自治事務に属する事項という限界があり、且つ規定し得る罰にも限度が定められているのであるから、それは憲法の禁止している包括委任には属しないと説くもの等がある。いづれも論拠としては必ずしも十全とはいいがたいが、条例に罰則を付することについて合憲性を主張する学説としてあげることができるのである。

以上の合憲説に対して違憲説は、以前においては若干みられたが、現在においては殆んどないものと思われる。ただ、若干違憲の疑いを残している学説としては、団藤重光教授のそれである。教授は、「地方自治法第一四条五項が条例に広く罰則を委任しているのは、違憲の疑が全くないわけではないと思う」とし、「ただ、条例は政令以下の命令と違つて、地方議会の議決を経るものである点にこの規定の合憲性を認める根拠がある」（団藤重光・刑法綱要三六頁）として、終局的には、その合憲性を認めつつも若干違憲の疑を残している（団藤教授は、以前においては罪刑法定主義の見地から、地方自治法第一四条五項は、違憲であると論じている（団藤重光「新法学講座・刑法」（法律新報七四五巻二七頁））。

学説が以上のごとく、殆んど合憲説に立脚しているのに対し、判例も、またその合憲性を認めている。ただ問題とされた判例は二件に止り、いずれも下級審のものに限られ、事例としても一般的なものでないから、必らずしも、その理由づけが裁判所の終局的な見解とは解しがたい。

その一は売春防止法施行前の横須賀市風紀取締条例が、売春に関する一定の行為を禁止し、これに違反した者に対して、刑罰を科する旨の規定を設けているのは、罪刑法定主義を規定した憲法三一条に違反しないとしたものである。

【55】「条例は直接に憲法第九十四条によつて認められた地方公共団体の立法形式であつて、同条により法律の範囲内において効力を有するものと定められているほか、条例をもつて規定し得る事項について憲法上特段の制限がなくもつぱら法律の定めるところに委せられているのであるから、法律に準拠して条例が罰則を設けることは憲法上禁止された事項ではない」（東京高判昭三一・五・一四東高刑時報七・五・一九七）。

この判旨は、その理由づけにおいて不足のきらいがないではない。即ち、判旨は、単に「法律に準拠して条例が罰則を設けることは憲法上禁止された事項ではない」としているに止つているが、その意味するところは、固より、刑罰規定を設けうるのは国家法のみに限られるという原則の範囲内において、地方公共団体には固有の刑罰権は与えられていないが、法律が特別に罰則の制定を条例に委任することは、その委任に基いて制定された条例が実質的には国家法であると解される限りにおいて可能であるとの意を示すものであろうと思われる。

その二は、条例に刑罰規定を附することについての憲法問題の他の側面――地方自治法一四条五項が包括的に条例に罰則の一般的委任を禁止している憲法の建前（憲七三条六項但書）に反するかどうかという問題―であり、徳山市公安条例に関する問題である。

【56】「……普通地方公共団体は法令に特別の定があるものを除く外その条例中に条例に違反した者に対し二年以下の懲役若しくは禁錮十万円以下の罰金、拘留、科料又は没収の刑を科する旨の規定を設けることができると規定しておるのであるから右によれば普通地方公共団体がその公共団体の事務に関し条例を制定し得ることとそしてその条例中に条例に違反した者に対し（法令に特別の定があるものを除き）二年以下の懲役若しくは禁錮十万円以下の罰金拘留科料又は没収の刑を科する旨の規定を設けることは憲法において是認されておるものと云うべきである。尤も憲法第七十三条第六号但書には政令には特にその法律の委任がある場合を除いては罰則を設けることができない旨を規定し政令に対する刑罰権の包括的授権を禁じておるのであるからこの規定の趣旨からおすと条例についても刑罰権の包括的授権は禁じられているのではないかと一応考えられるのであるが、しかし憲法の趣旨とするところは政令は行政権によつて制定されるのであるからこれに刑罰権の包括的授権をするときは立法権に対する行政権の活躍をほしいままにするおそれを招くので行政権による刑罰権の濫用を防止するにあるのであつて、住民の代議会である地方公共団体の議会の議決によつて成立する民主的な基礎を有する地方公共団体の条例にその条例の効力を担保するために刑罰を定めることを包括的に委任することをも禁止する趣旨ではないのである。してみれば憲法第九十四条に基く法律である地方自治法に従い制定された徳山市条例は何等憲法に違反するものではない」（広島高判昭二六・一二・四刑集四・一四・二〇〇五）。

判旨は、学説の多くが主張しているごとく、条例は行政権による立法ではなく、地方議会という住民の代表よりなる機関において、民主的方法によつて制定されるために、憲法が行政権による立法たる政令について刑罰権の包括授権を禁じているのと本質的に異ることを主張し、条例に罰則を包括的に委任している地方自治法の規定の合憲性を立証している（前掲学説中、田中教授、柳瀬教授はこの点を力説されているが、条例に刑罰を附することの本質について若干違憲の疑いを残している団藤教授も、結果的には、この点において条例の民主的性格を認め、合憲性を主張されていること前述のごとくである。）。

五　条例と行政訴訟

一　日本国憲法における行政事件に対する司法権の限界

日本国憲法の下においては、司法権は、従来のそれと異り、民事刑事の裁判のみならず、行政に関する裁判をも包含するようになつた。しかし、行政に関する一切の事件が司法権に服するのではなく、当事者間における権利義務に関する争ある場合に、具体的な法の適用を保障すること、換言すれば、「法律上の争訟」についての裁判権に限られるのである。裁判所法第三条に「裁判所は、……一切の法律上の争訟を裁判し」とあるのは、この意を示すものである。

ここにおいて法律上の争訟というためには、当事者間における具体的な権利義務に関する争があり、具体的な法律の適用が問題になつていることを要する。従つて、単に、一般的に法規の効力とか解釈とかに関する争の如きは、ここにいう法律上の争訟には該当しないのである。固より、憲法に違反する一切の法令は無効であり、国の法令に違反する地方公共団体の条例・規則も亦無効である。而して、これらの法令、条例等の効力ないし解釈は裁判所の判断にまつべき問題である。しかしながら、これらの法令・条例等の効力ないし解釈は、それが直接に又はそれに基く処分によつて間接に、違法に人民の権利を侵害する場合に、それに対する訴訟に関連してはじめて裁判上の問題とせられうるのであつて、具体的な法の適用の問題を離れて、直接に、法令・条例等自体の効力や解釈を争うことは許されないのである。これは従来裁判所がほゞ一貫してみとめてきたところであり（最判昭二七・一〇・八民集六・九・七八三、最判昭二七・一〇・三一民集六・九・九二六、最判二八・五・二〇行裁例集四・五・一二二九、最判昭三一・二・一七民集一〇・二・八六）、学説も同様の見解をとつている（田中二郎・行政争訟の法理三一～二、三七頁、同・行政法上巻三二五～六頁）。

二　条例と行政訴訟

条例と行政争訟との関係は、右の法令と行政争訟の一般原則の関係と同様であり、一般的には、条例自体の効力なり解釈なりに関する争は、法律上の争訟の対象となりえず、あくまでも、その条例に基く具体的な行政処分があり、権利義務に直接関連性があつてはじめてその対象となりうるのである。判例の多くは、この立場をとり、条例自体を対象とする争訟を不適法として却下している。

【57】「職権を以て案ずるに、裁判所は日本国憲法に特別の定のある場合を除いて、一切の法律上の争訟について裁判権を有することは、日本国憲法第七十六条、裁判所法第三条に明記するところである。又国民は裁判所に出訴する権利を日本国憲法第三十二条に依り保障されている、而して国家は国民の経済的、身分的生活関係に付、公法又は私法の法規を制定し、之を法律的に権利義務の関係として取扱い、且国民が之に準拠すべきことを要求している。此の法規により国民の具体的生活関係は法律上の権利義務の関係とされるのである。訴訟は具体的権利義務の関係に付争のある場合、裁判所が当該法規を適用して特定の権利又は法律関係の存否に付判断する手続である。現行民事訴訟においては、此法律上の争訟は具体的な権利又は法律関係に関し当事者間に紛争乃至利益の対立があり、判決を以て之を確定することが当事者の一方の法律上の地位の

危険又は不安定を除去するに必要であることを要する。換言すれば、当事者の一方が裁判所に訴を起し、特定の相手方との関係において自己の請求の当否に関し裁判所の判断を求めるには、該請求が特定の権利又は法律関係に関し、当該原告が自ら当該被告を相手として訴へるに付正当な利益を有することを要するのである。此の事は、民事訴訟上権利保護の利益乃至当事者適格として訴提起に関し具備することを要する訴訟要件であつて、若し此の要件を欠くときは、裁判所は訴は不適法なりとして、進んで本案判決をすることは出来ないのである。故に法規に何等関係のない単なる事実上の主張の存否や、抽象的法規自体の存否或は該法規の価値判断乃至法律上の意見は之を訴の目的とすることは出来ないのである。而して原告等の本訴請求は前顕事実摘示の様に、福井市公安条例は憲法に違反し無効であるから、之が無効確認を求めると謂うにある。然し乍ら、原告等主張の公安条例は、形式的には日本国憲法第九十四条、地方自治法第一四条第二条の規定に基き、地方公共団体の立法機関である福井市議会が議決して制定した自主立法であつて、国家の制定する法令と同じく法規たる性質を有するものと解するのが相当である。而して該法規が憲法に違反し無効であるという請求は、抽象的法規の価値判断乃至法律上の意見に過ぎずして、特定の権利又は法律関係の存否に関する請求ではないから、前記説明の様に訴を以て請求するに足りる権利保護の利益を欠くものと云うべきである。尤も日本国憲法第八十一条に依れば、裁判所は一切の法律、命令、規則又は処分が憲法に適合するかしないかを決定する所謂法令審査権を有することは明瞭であるが、該規定は特定の権利又は法律関係に関する争訟に関係なく、抽象的法規自体に関しその合立憲性を裁判所が審判する趣旨とは解されない。必ず具体的訴訟に於て特定の権利又は法律関係を規定する法規の合立憲性が主張又は抗弁として問題となつた時においてのみ裁判所は其の合立憲性に付、法律上の見解を示すことが出来るものと解すべきである。以上の様な解釈は日本国憲法が認める三権分立の精神からも、又日本国憲法の施行に伴う民事訴訟の応急措置に関する法律第六条、第七条並高等裁判所上告事件移送規則（昭和二十二年十月九日最高裁判所規則第五号）の趣旨からも当然であると信ずる。従つて、本訴は前記の様に具体的権利又は法律関係の存否に付ての請求ではないから、本件公安条例の合立憲性に付ても当裁判所は審理する権限を有しないのである。尚、行政庁の違法な処分の取消又は変更に係る訴訟其の他公法上の権利関係に関する訴訟は裁判所の管轄するところであるが、本件公安条例の制定が地方公共団体である行政庁の処分と見るべきや否やに付考察するに、該条例の内容は前記の如く一般的抽象的な法則を定めたものであつて、何等具体的に特定の個人の権利義務を定めたものと認められないから、行政庁の処分と云うことはできない。従つて、行政訴訟の対象としての処分が存在しないのであるから、行政訴訟事件として本件公安条例の無効確認を請求することも出来ない訳である」（福井地判昭二三・一〇・一六行裁月報四号一四六頁）。

【58】「わが国の現行の制度の下においては、特定の者の具体的な法律関係につき紛争の存する場合においてのみ裁判所にその判断を求めることができるのであり、裁判所はかような具体的な争訟事件を離れて抽象的に法律命令等の合憲性を判断する権限を有しない（最高裁判所昭和二七年（マ）第二三号昭和二十七年十月八日大法廷言渡判決参照）、原告等の本訴請求は請求の趣旨表示の高知県条例が結局日本憲法第三十五条に違反し無効であると主張しその確認を求めるというのであつて、現実且つ具体的に原告等が法律上の利益を侵害されたというのではない。従つてかかる抽象的な単に法規の無効宣言を求める本訴は不適法であつてこれを却下する外はない」（高知地判昭二七・一一・五行政例集三・一一・二二九九頁）。

【59】「行政事件訴訟特例法第一〇条第二項に基き行政処分の執行の停止決定をするには同法第二条の訴が適法に係属することを要するは明らかである。しかして同法第二条にいわゆる「行政庁の処分」とは行政庁から公共団体又は国民に対しなす公法上の行為であつて、これらの者の権利義務につき直接かつ具体的な法律効果を及ぼすものを指称し、行政庁の法律行為であつても公共団体又は国民の権利義務に直接かつ具体的な法律上の影響のないものは特別の規定のない限りいわゆる抗告訴訟の対象とならないものと解するのを相当

とする。しかし申請人等が原告として提起し当裁判所に係属している本案訴訟（昭和三〇年(行)第一五号専決処分失効確認請求事件）の請求原因はこれを要約すれば昭和三〇年二月一日岡山県旧上房郡上竹荘村外三ケ村及同県旧吉備郡大和村が合併して被申請人町として発足し、被申請人町長の職務執行者に選定された仁熊八郎は地方自治法第一七九条第一項により専決処分で別紙目録記載の昭和三〇年賀陽町条例第二号及び同年同町条例第三号を定めて公布した、そして同年三月三〇日被申請人町臨時議会において右専決処分は報告されその承認を求められたが、町議会は審議を保留し、その後右会期期間の同年四月二日までに審議されず会期は満了したので、右条例の専決処分は失効（その意味は右専決処分により公布された各条例は失効したとの趣旨と解する）したのでその確認を求めるというのであるが、右各条例の内容は申請人等の権利義務に直接かつ具体的な法律効果を及ぼすものでないことは明らかである。したがつて右専決処分はいわゆる抗告訴訟の対象とならないので本案訴訟は一応不適法な訴といわねばならない。そうすると本件停止の申請は執行停止の要件を欠くことになるので爾余の点につき判断するまでもなく不適法として却下する」（岡山地決定昭三一・一・一七行政例集七・一・一〇五頁）。

【60】「……わが現行制度下においては、特定の者の具体的な法律関係につき紛争の存する場合においてのみ裁判所にその判断を求めることができるのであり、裁判所は、かような具体的事件を離れて抽象的に法律命令などの法規の効力を判断することができないものである（昭和二七年(マ)第二三号、同年十月八日最高裁判所判決参照）。しかして、条例は、地方公共団体がその自治権に基いて定立する法規の形式を有するもので、条例がその制定公布によつて特定人に対し直接現実に法律効果を及ぼし、その点において行政処分による場合と異ならないような場合には、その者は、あるいは右条例の取消ないし無効確認を求めることができるかも知れないのであるけれども、そのような場合を除き裁判所は抽象的にその効力につき判断することができないものである。本件において控訴人らの主張する新潟県岩船郡山北村役場の位置を定める条例が控訴人

らに対し直接現実に法律効果を及ぼすものでないことは、その内容自体によつて明らかであるから、右条例の無効確認を求める控訴人らの本訴は、結局抽象的に右条例の効力につき判断を求めることに帰し、不適法であつて許されないものというべきであり、このことは右条例が住民の権利義務に関しない事項について制定せられる行政規則の性質を有するものであつて何らかかわりないものというべきである」（東京高判昭三三・二・一一東高民時報九・二・一七頁）。

【61】「……地方公共団体の議会の議決は、その団体としての内部的な意思の決定であるにとどまり、特別の場合を除いては、直接これにより個人の権利又は法律関係が変動を生ぜしめられるというわけのものではなく、また右条例の内容が村役場の位置を定めるものであることは原告らの主張するところであるから、同条例の公布があつたからといつて、直ちにこれが原告らの法律上の地位に影響を及ぼすものとはいえないから、原告らとしては右の決議及び公布の効力を争う何等の利益もないというべきである。もつとも、この点につき原告らは右の決議及び公布によりその議員として有する表決権を違法に侵害されたと主張し、その意味で裁判所による救済を求めているもののようであるが、しかしながら、裁判所の行うべき審判の及ぶ範囲は、個人が「一般市民」として有する法律上の地位乃至権利義務に直接関係ある場合に限られ、右のように「一般市民」としての立場を離れ」、村会議員」としての立場において有する権利に関するような場合までも――特に法律に規定がない限り――これを含むものでないことは憲法下の裁判所の職能からみて蓋し当然であるといわなければならない。従つて、位置条例の一部改正条例の可決決議及び同条例の告示の無効確認又は取消を求める請求もまた不適法として却下を免れない」（新潟地判昭三三・五・二〇行政例集九・五・九九八）。

条例は、このように原則として行政争訟の対象になりえないが、それが具体的な処分的意味をもつ場合は、例外である。即ち、たとえば、条例そのものの施行によつて当然に直接特定の者の具体的権利義務に法律上の効果を生じ、これに基いてさらに行政処分の行われることを要しないような場合においては、何等通常の行政処分と異なることがないから直接に行政訴訟を提起しうるものと解されるのである。何故ならば、若しそうでないとするならば、この場合には条例が違法であり権利の侵害があるにもかゝわらず、全く行政訴訟を提起する途が存しないこととなり不当な結果を招来することになるからである。

【62】「……条例は地方公共団体の議会が議決し長がこれを公布するのであつて、一般に条例は原則として行政訴訟の対象となり得る行政処分とはなし得ない。何故なれば、条例は直接には当該地方公共団体の住民に対し権利を制限し又は義務を課するという効果を生ぜず、通常右条例に基いて更に行政処分が行われて初めて現実の効果が生ずるからである。この場合には、条例によつてはいまだ当然に法律上の効果を生じていないから、直接条例に対して行政訴訟を提起し得ないのは当然であり、右条例に基いて行政処分が行われて初めて訴権が生ずるのである。

もとより裁判所は具体的な事件についてその事件の審理の前提としてのみ法令の効力ないし解釈をなすのであつて、抽象的に法令自体の効力ないし解釈を問題とすることを得ない。これらの法令の効力又はその解釈は、その法令が直接に、又はその法令に基く行政処分によつて間接に違法に人民の権利利益を侵害した場合に、それに対する訴訟において初めて裁判上の問題とされ得るのであつて、具体的な事件における法の適用を離れて、直接に法令自体の効力又は解釈を争う訴は許されない。それは当事者間の具体的な権利義務に関する訴訟、すなわち「法律上の争訟」に該当しないからである。

しかし条例の制定のような立法行為であつても、それが具体的な処分的意味を持つ場合がある。すなわち条例そのものの施行によつて当然に直接特定の者の具体的権利義務に法律上の効果を生じ、これに基いて更に行政処分の行われることを要しないような特別の場合においては、何ら通常の行政処分と異なるところがないから、条例に対し直接に行政訴訟を提起し得るものと解すべきである。若しそうでないとすればこの場合には条例が違法であり、権利の侵害があるにもかかわらず、全く行政訴訟を提起する途が存しないこととなり、その不当であることはいうまでもない。

……本件各臨時特例条例はその各第八条において「給与等条例（第二十号の場合。第十九号の場合は給与条例）施行後において新たに教育職員となつた者についてはこの条例は適用しないと定め、その適用対象者を給与等条例及び給与条例施行以前の原告らを含む教職員のみに限定していることは明らかであり、また、本件各特例条例第七条は「給与等条例第二条第二項に規定する教育職員については、それぞれの教育職員について左の各号の一に該当する場合には同号に規定する期間を経過した場合でなければ、昇給させることができない。但し給与等条例第十二条第三項に該当するものを除く。一、この条例施行後初めて昇給させる場合には、給与等条例第十二条第一項各号に規定する期間に六月を加えた期間。二、前号の規定の適用を受けた次に昇給させる場合には、給与等条例第十二条第一項各号に規定する期間。三、前号の規定の適用を受けた次に昇給させる場合には給与等条例第十二条第一項各号に規定する期間に六月を加えた期間。前項各号に規定する期間内に昇格させた場合においては、昇格したことによりそれぞれ同号に規定する期間を経過して昇給したものとする。」（第二十号の場合、第十九号の場合も大体同旨）と規定し、これによれば、原告ら特定の者は右各条例の施行により当然に六ケ月づつ二回に亘り昇給を延伸されるという直接具体的な効果を生じ、更に任命権者の各所轄教育委員会の昇給停止という特別の処分を要しないものといわなければならない。だとすれば本件各臨時特例条例第七条は条例の形式をとつていても、実質は行政処分と異るところがないのであり、その施行により権利若しくは法律上の利益を侵害されたと主張する場合これに対し行政訴訟を提起し得べきものといわなければならない」（盛岡地判昭三一・一〇・一五 行政例集七・一〇・二四四三）。

なお、条例の公布行為が行政訴訟の対象となりうるか否かが問題とされた判例がある。判例は、地方自治法一七六条に規定する長の拒否権の制度を理由として、条例の公布を法令の公布とは異つた性質のものであるとし、これを行政訴訟の対象となりうるとしているが、条例の公布は、当該条例を一般住民の知りうべき状態におくことをいい、法令の公布と同様、それ自体何等行政処分を意味するものではないから行政訴訟の対象にはなりえないものである。

【63】「地方自治法第十六条は、地方公共団体の長が、議会において議決した条例を公布する手続について規定している。一体条例を含めた法令の公布行為の性質について考えてみるのに、法令の公布は意思表示的行政行為ではなく、一定の精神作用の発現について専ら法規の定めるところによりその効果を生ずる準法律行為的行政行為であり、議会の議決によりその内容の確定した法を外部に表示する行為である。すなわちその効力未発動の状態にある法を、権威的に周知せしめてその効力を発動せしめるための行為である。従つて一般法令の公布は、議会等立法機関の内容を確定した法の成立要件であると同時にその効力発生要件ではあるが、内容の確定行為に対する附加的補充的のものにすぎないから、通常これのみを行政訴訟の対象とする実益がないものといわなければならない。

ところが条例の公布は一般法令の公布と大いに異なるものがある。地方自治法第百七十六条は「議会における条例の制定について異議があるときは、長はこの法律に特定の定があるものを除く外その送付を受けた日から十日以内に理由を示してこれを再議に付することができる。(一項)前項の規定による議会議決が再議に付された議決と同じ議決であるときはその議決は確定する。(二項)議会の議決……が権限を超え又は法令若しくは会議規則に違反すると認めるときは、長は理由を示してこれを再議に付させなければならない。(四項)前項の規定による議会の議決がなお権限を超え又は法令若しくは会議規則に違反すると認めるときは、長は議会を被告として裁判所に出訴することができる。(五項)」と規定し、条例は議会の議決によつて一応内容が確定するが、これに対し長が再議を求める方法いわゆる長の拒否権の制度が認められているのである。議会と長の両者の抑制均衡により条例による住民の権利利益の侵害を防止しようとする建前の下に規定されているのである。従つて一般法令の公布の場合における公布機関は一の表示機関にすぎないのであり何ら法令の内容に関与するものではないのであるが条例の公布の場合の長は、これと異りその外に条例の内容に関し議会と共に評価判断をなし、住民の権益を保障する使命を付託されているのであり、長が議会の議決した条例に異議を述べず再議に付させないで公布したときは、右公布行為自体一見一般法令の公布行為と何ら異なることのない外形をしているのではあるが、右行為には一般法令の公布行為の性質を有すると同時に、条例に関する議会の評価判断を不当ならずとし、或は違法ならずとする長の評価判断をも包含するものといわなければならない。一般法令の公布の場合と同日に断ずることはできないのであり、それ自体独立して行政訴訟の対象となり得る性質を有するものといわなければならない」（盛岡地判昭三一・一〇・一五行政例集七・一〇・二四四三）。

条例に関して行政訴訟を提起しうる場合、その出訴期間の起算日は、当該条例の公布の日と解すべきである。けだし、通常出訴期間の起算日は当該行政処分のあつた日であり、条例について行政訴訟を提起しうる場合は、行政処分についてと同様に解すべきであるから、条例の公布の日が当該条例を一般に周知させうる日と解しうるからである。

【64】「本件各臨時特例条例がいずれも昭和二十九年三月三十一日被告岩手県知事が岩手県報をもつて公布したことは当事者間に争いがない。右各条例の公布処分中第七条に関する部分及び右各条例中第七条の取消を求める訴の出訴期間の起算日は右各条例の公布せられた右昭和二十九年三月三十一日であるといわなければならない。けだし、県報をもつて一般に周知の手段をとつた以上原告らは特段の事由のない限り当然その頃右各条例の公布の事実が知つたものと推認すべきところ、これを左右するに足る特段の事由の存在を窺わ

しめるに足る何らの証拠がないからである。しかして本訴の提起が昭和三十年三月二十四日であることは本件記録によつて明らかであるから原告らの右予備的訴は法定の出訴期間の経過後の提起にかかるものといわなければならない」（盛岡地判昭三一・一〇・一五行政例集七・一〇・二四四三）。

簡易裁判所判例

判例索引

大審院判例

行政裁判所判例

最高裁判所判例

高等裁判所判例

地方裁判所判例

著者紹介

大《おお》西《にし》芳《よし》雄《お》　立命館大学教授

久《く》世《ぜ》公《きみ》堯《たか》　秋田県総務部財政課長

総合判例研究叢書　憲　法(4)

昭和35年9月25日　初版第1刷印刷
昭和35年9月30日　初版第1刷発行

著作者　大西芳雄
　　　　久世公堯

発行者　江草四郎

印刷者　小笠原秀雄

東京都千代田区神田神保町2ノ17
発行所　株式会社　有斐閣
電話九段(331)0323・0344
振替口座東京370番

印刷・秀好堂印刷所　製本・稲村製本所

総合判例研究叢書 憲法(4)
(オンデマンド版)

2013年1月15日　発行

著　者　大西　芳雄・久世　公尭
発行者　江草　貞治
発行所　株式会社 有斐閣
〒101-0051　東京都千代田区神田神保町2-17
TEL　03(3264)1314(編集)　03(3265)6811(営業)
URL　http://www.yuhikaku.co.jp/

印刷・製本　株式会社 デジタルパブリッシングサービス
URL　http://www.d-pub.co.jp/

AG453

ISBN4-641-90979-2